气

谈资　主编

成都时代出版社
CHENGDU TIMES PRESS

序 *PREFACE*

谢谢你们年轻的眼睛和心

/ 潘媛

一个周末，我穿越不断发胖的城市，沿着天府大道往南，抵达湖边的 A4 美术馆，去听学者葛剑雄讲"移民与城市文化"。

葛老的理论一言以蔽之，人口是文化最活跃的载体。不断建造的楼宇，不断涌入的人口，在他看来，如今的成都已经面貌全新。"新成都不仅仅只有火锅、小吃、美女、休闲生活，还有拐着腔说自己是成都人的新成都人。"

在那次讲座上，我很自然地想到我们做过的一期选题——关于新成都人。推文的开头写道：你觉不觉得"我们"这两个字有点甜？"我们娃娃就是不爱吃菜叶子""我们珍珠今天又把家里沙发抠了两个洞洞"，一个东西前面加上"我们"，就有一种占有和归属感。

成都软绵又博大，是包容性和吸附性都很强的城市。在这儿待久了，不是成都土著也会脱口而出"我们成都……"。这些朋友，我们就称为"新成都人"。

在这篇推文下面，上百条留言讲述了自己来成都多久以后，在哪一个瞬间，嘴里的"你们成都"，自然而然地变成了"我们成都"。

老实说，这些故事，真的看得我们眼流花儿包起——"眼流花儿包起"，这个说法本身就很成都，一点柔软，半分调侃，把表露感情的事情说得举重若轻——因为我们自己大部分就是这样的"新成都人"。团队中更大比例的年轻人是来自成都以外的小孩。他们有的在成都读完大学，留了下来；有的因为路过成都喜欢成都，留了下来；有的因为恋爱，哪怕是后来分开，也留了下来。

所以，他们观察成都，用的是"新成都人"的眼睛。这是一种杂糅的感觉：比土著更好奇，比过客更持久；对旧的不准备排斥，对新的有认同感。

而我在观察他们。我得到的最重要的结论是：这或许是一个前所未有的壮阔时代，但每个人（个体）却变得更重要。

跟我一起工作的年轻人喜欢从更小的切口进入城市生活：比如成都人回答不起问题的时候一般都说啥子，为什么说每个小区门口都有碗全成都最好吃的素椒炸酱面……他们找火锅店的排号员和全兴队的守门大爷打听江湖故事。在菜市场他们发现，别人买菜就买菜，成都人还要顺带捏把花回家。同时，没有一个婆婆、爷爷的黄桷兰、鸡毛毽子、煮花生会滞销。

他们带着新的眼光去重新发现更为复杂的长顺街、致民路、华兴街。30 平方米、不当街，他们记录了很多这样小而美的店，也找到深藏在城市褶皱里的、卖了 28 年的盒饭和 33 年的拌菜。

这样的观察还具有持续性，比如有一天，他们找了两个街娃，把保利中心从一楼到二十一楼喝穿了，喝到无楼可攀为止。后来酒吧从魔方大厦里撤退了，他们又做了一期《保利，散场》。

有时候这些观察会被物化、存留，反向成为城市的一景、被观察的对象。年轻人发现，当代都市里，集体微醺成了一种表达亲热、寻找同类的方式，于是诞生了《我，一个沉迷于微醺的成都人》《夏天常常喝断片，忧愁都消化在尿里了》。还有，在每一个流连过的酒吧厕所里自拍，竟然也成为一期大受欢迎的选题。他们乘兴做了一张酒吧地图，把成都几百家 Club、Pub、Bar、精酿馆分类整理集册，叫作《断片指南》。

紧接着，在著名的玉林西路，我的年轻的同事们操办了一个快闪展。两间十几平方米的小铺面，一间装酒后故事，一间卖酒。

谢谢玉林西路的街沿那么阔，那夜的风那么凉。前前后后一两百号人，大家都站在人行道上说话喝酒，摇着"喝酒去"的扇子，穿着"成都市内没醉过"的 T 恤，举着一次性塑料酒杯，聊天聊到断片，喝酒喝到眉来眼去。我们把捡来的一张按摩床放在路边，谁累了，谁就过去靠一会儿。

今年，这个动作被持续下去，新一场断片展被搬到了长顺街附近的一个老街区里。

从玉林西路到长顺街，这样的选择有点出人意料。关于这座城市古旧的肌理，年轻人似乎有一种特别的兴致。每周，1994 年出生的彭何，会去城市里某个被人忽略或者遗忘的角落，走走停停，观察人，发现故事。他的行走催生了专栏"乱逛"。"逛"这个动词本身，有一种晃晃悠悠的旧日气息。时光急，但彭何不急。

同时，他们乐于寻找这个城市里崭新的基因。在接触过好几个年轻团队之后，诞生了一个新的系列报道，叫作"了不起的＿＿＿＿"

这些了不起的年轻人，在成都设计出了漂亮的空间，拍出了漂亮的照片，画出了漂亮的插画，让这座城市有了惊喜，变得好看。最了不起的是他们都是 1990 年到 1995 年生人，领头的几乎都不足 28 岁。28 岁，已经三头六臂，独当一面。而我们这个编辑团队，平均年龄也差不多是 28 岁。

在三年的时间里，年轻人就这样兴致盎然地寻找了上千个故事、话题、人。

三年后，一种新的野心被偶然催生。

熟悉微信生态和阅读习惯的人都知道，一篇公众号推文，最强的生命力在 24 小时之内，普通的传播周期是三天，在公司内部，考核一篇稿件的传播数据，7 天截止。

然而，一篇《豌豆尖统治四川的盛世又到了》，在距离第一次传播差不多一年以后，仍然有人在后台留言——来自海外。为什么不把它留存下来？既然有这样的生命力在。

值得印刷，值得售卖，值得被油墨留存，值得被指尖摩挲。

关于成都，已经有了很多书，却难见一本可以做到：属性年轻，目光新鲜，立足当下，切口入微，维度丰富。

我们希望"@成都"能够做到。一个系列，五本书，从街区、人、城市性格、城市记忆等维度，整理集纳了谈资旗下公众号"成都 Big 榜"三年多以来创作的超过 100 篇、总计 30 万字的原创推文。@，表示基于互联网社交创作和传播的城市观察。同时，@ 也是 at，在某处，表示这样的观察位于成都。

@ 成都的观察还在继续。

新来的小孩丁赫，凌晨五点扛着四个从宜家买来的垃圾桶，去人来人往的春熙路收垃圾。几个小时里，他完成了一场以垃圾分类而起意的社会观察。

彭何仍然在走。他从社科院的大门出发，沿着一环路向右，沿着锦江河道再到武侯祠大街，经过耍都、锦里、体院，在成都的电子地图上走出了一颗心。

吴逸韵去医学美容医院的大厅坐了一下午；丁赫发现从天府广场地铁站到地面，有至少 56 种方法；贾茹在毕业季收集了 40 年里 65 张成都人的毕业照；李佳蓓执行完"早餐四川"，正在策划基于公交、茶馆、美甲店的"窃听城市"行动。

三年再三年。城市生长，他们也在生长。

谢谢李佳蓓、康筱韵、彭何、胡琴、贾茹、吕美真、陈修易、蒋佳芯、雷曜维、吴逸韵、丁赫、陈梦奇。每一个在成都 Big 榜的后台驻留过的人，或短或长。谢谢你们年轻的名字，谢谢你们年轻的眼睛和心。

2019 年 7 月于成都书院西街 ⊡

- 《横看竖看》

- 《脾气》

- 《小隐于市》

- 《乱逛》

- 《那二年辰》

《脾气》

成都人的性格很复杂。大爷有大爷的脾气，孃孃有孃孃的脾气，老板有老板的脾气，食客有食客的脾气，这些脾气里藏着成都人的生活习惯，包含着成都人对生活的态度。

成都人有成都人自己的细节。姆姆们为什么要统一梳着那么高那么硬的紫红头发？大爷们为啥孤独地在新华公园护着牛牛？作为一个不吃辣的四川人是一种什么感受？很多迷思我们找到了答案。

成都人有成都人自己的习惯。桌上一定要有豆瓣鱼和蒜薹炒肉才算年夜饭；别人买菜就买菜，成都人还要顺手把把花回家；餐饮老板有属于自己的语录，厨房有每家每户的玄学；小李爱吃泡菜，小王爱吃泡菜，小张也爱吃泡菜。很多习惯我们打了个总结。

看完这些，总的来说，我们觉得，成都，有点乖。

莫法，我就是那个
操心的成都人
P1
文 / 雷曜维

困扰了我 20 年的关于姆姆儿头的迷思，
终于有了答案
P7
文 / 胡琴

成都大爷，一种介于"佛系"
和朋克间的存在
P14
文 / 雷曜维

别人买菜就买菜，成都人
还要顺便捏把花回家
P18
文 / 雷曜维

成都话速成手册
P22
文 / 彭何

当成都人说嗨哟的时候
他们到底在说啥子
P34
文 / 贾茹

作为一个不吃辣的四川人
是一种什么样的感受
P40
文 / 彭何

成都老板儿取名好撇脱
P48
文 / 吴逸韵　贾茹

成都苍蝇馆子巨头素描
P55
文 / 彭何

成都人厨房里的玄学
P62
文 / 彭何

"听说你们成都人有种'毒',服下会有种不可描述的肉麻"
P68
文 / 胡琴

一家火锅店没有故事,
就像油碟里没放香菜和蒜
P74
文 / 李佳蓓

目

CONTENTS

录

目录

CONTENTS

成都乖老板儿语录
P79
文 / 李佳蓓

凌晨两点，我在回国的机场
碰到了成都嬢嬢
P83
文 / 胡琴　李佳蓓　贾茹　彭何

成都人桌上要有豆瓣鱼、凉拌鸡、
蒜薹炒肉，才叫年夜饭！
P90
文 / 彭何

吃肥肠粉儿不加结子，
等于麻婆豆腐不撒花椒面儿
P99
文 / 李佳蓓

小李爱吃泡菜，小王爱吃泡菜，
小张也爱吃泡菜
P105
文 / 李佳蓓

香肠为什么年前比年后好吃？
P109
文 / 李佳蓓

当我嘴巴寂寞的时候，
我就会和它打个啵儿
P113
文 / 胡琴

成都人喝酒要把人给笑死
P121
文 / 朱雪峰

在喝酒这件事上，成都人终究喝不赢
达州人、泸州人、乐山人、宜宾人、西昌人……
P125
文 / 贾茹

成都人的"鬼话"
P133
文 / 李佳蓓

成都人的"邪术"
P138
文 / 贾茹

重庆人和成都人有没有可能坐下来说话
P143
文 / 胡琴

每个成都人在菜市场都是贵宾
P150
文 / 彭何

● 莫法，我就是那个操心的成都人

MOFA, WO JIUSHI NAGE CAOXIN DE CHENGDUREN

/ 雷曜维

我有一个在上海生活的好朋友，叫拿拿。

拿拿每次来成都都很不解，为什么大街上不认识的阿姨看到他都喊他"弟娃"，而不是"帅哥"？

我解释说，只有做生意的人才管人喊"帅哥""美女"；一般的成都人，碰到年轻男生喊"弟娃"、年轻女生喊"妹妹"，老人家喊"大爷""太婆"，中年人喊"叔叔""孃孃"。

拿拿问，你们明明都素不相识，干吗要叫得这么亲热啊？

为什么呢？

大概还是因为成都人的性格里天生就带一份"操心"吧，有事没事，就爱管点闲事。喊亲热点，就可以"管"你了。不夸张地说，在成都，没有一个老爷爷和老婆婆的黄桷兰、鸡毛毽子、煮花生会滞销。

要是在街边碰到有婆婆卖黄桷兰，买个一串两串都算少的了，大包小包买完还要发朋友圈号召同事朋友来包场，阵势比"双十一"还吓人。不然就是发微博，打上时间地点的话题标签，再跟一句"让婆婆早点回家"。

甚至电视台的人也会专门赶过来拍摄采访，任何一株没售出的黄桷兰都牵动着全城人的心。而且也真的会有人下了班专门赶过去买诶，但是结局一般都是人去"兰"空——早就被闻风而来的人买完了。

最操心的还是菜市场里的成都人了，他们就像有一种天生的使命，见不得别人吃亏。

有一次我去买西瓜，10块钱一个，5块钱一斤。我想着一个人吃不完一个吧，就挑了半边让老板称，结果旁边的大爷看不过眼了："10块钱一个你还称啥子嘛！买半边比买一个还贵！"

说着说着大爷就走过来在一堆西瓜上敲敲敲，敲完指了一个特别大的："这个，这个熟。"

我……我还能说什么呢，真是谢谢您，我大爷。

不只大爷，姆姆们也很操心了。就像小姐妹遇到丝芙兰打折要在微信群里相互通知，姆姆们碰到新鲜便宜的菜也要在小区里口耳相传。

"看这个红得好巴适？选苹果就要选这种！"经常早上出门就看到一群姆姆围着一个太婆，太婆身后的买菜小车里收获满满，姿态认真得像在某个高端论坛演讲："豌豆颠儿一块八一斤，买得着！"

路过的姆姆被吸引进来插话，其他姆姆也不会觉得奇怪，亲切得像失散多年的好姐妹。等到小区里的权威买手们共享完一手信息、确保每一个人都了解了今日菜市动态之后，姆姆们才会散，各自找到各自的小姐妹，购物去了。

还有一种不用说出口的热情是，递公交卡。

早晚高峰时期，公交车一到站，等待的人就自觉地默默分成两批，一批从前门上，一批往后门挤。在挤上后门的一群人中，通常会有一个人，默默收集齐一众公交卡，然后往前一伸手——前面的人也像早有预备一样，心领神会地接过、传递、刷卡，再原路返回，一系列动作行云流水，默契无声。

当然，也会有一种意外情况。如果你手指太冰了，前面和你交接的嬢嬢会以全车人都能清晰耳闻的音量叮嘱说："咋冰沁冰沁的，多穿点儿嘛！"

如果碰到哪天你买错了粉底液，脸上比平时白了一个色号，也会有嬢嬢或太婆站起来给你让座："妹妹要吃早饭，你们现在年轻嘛，二天老了，要得病的哦。"

在馆子里吃饭，最经常遭遇的事情是：被别人问菜名或问别人菜名。

走过来一个人就问："你桌子上这个是啥子喃？"惊风火扯的，好像看到了龙肝凤髓。可它就是一盘很普通的……咸烧白啊。但是成都人不会因为它就是盘咸烧白而罢休，既然被问起了，那就要给你细细地描述味道、形容口感，一桌子的菜都给你点评完。

这个不好吃，那个还可以，没点到的菜由隔壁的隔壁桌再进行补充。短短两分钟，把人家店里的菜单都聊交了。点菜的时候胸有成竹，都不用看菜单，直接说："他们桌子上的那个和那个，一样一份。"

碰到操心的老板，点菜就更简单了。直接告诉你冷天不适合吃凉拌猪耳朵，点个当归白果鸡吃了热和；三个人点两个菜够了，多了吃不完……

最绝的是，有一次，我在冒菜店亲眼见证了一场店老板和一对情侣的对峙。

这对外地情侣捡了满满一钵菜，想单独再点一份火锅粉，但是老板就是不肯下单，坚持他们两个人吃不完这么多，苦口婆心、语重心长地用川普劝他们：

"我等哈给你们冒几根儿粉就是了嘛，不来头，你们点这么多吃不完，浪费三。"

还有啊，来成都玩真的不用看地图，操心的成都人会给你把路线全都规划好。

问一句 ×× 地方怎么走，成都人就恨不得把在哪里、要坐地铁还是公交、周围有什么好吃好耍的，一口气统统都告诉你。

要是讲错了呢，旁边路过的人听到了也会很热心地过来纠正。稍稍近一点的地方，就直接带你去；远一点的话，那就给你指到下个路口，再问第二个人。

太原的 @ 经小径说："成都人也太热心了吧，路上问一个小哥宽窄巷子怎么走，小哥直接把我们带到了巷子口，好感动哦。"

在问路这一点上成都人真的尤其操心。方向感差的成都人，在被问到的时候，打电话场外求助都要给你把路指了。

莫法了，我们成都人就是爱操心。

为了猫猫狗狗操心，是成都人。李奶奶家的奶猫儿上树了下不来，天啦，不得了，马上就有操心的邻居给《新闻现场》打电话，全城人一起想办法。

卖个肉操心，也是成都人。你买回去是烧是煸是炖是炒？说了今天中午煮啥子菜，才晓得要给你砍哪一个部位和砍成好大一坨坨的肉呀。

去商场抢购都要操心的，还是成都人。要试衣服的时候，旁边的阿姨热情得来像拐子："切嘛，我给你把娃儿看到，掉不倒。"

其实呢，成都人喜欢操心已经不是个秘密了，是一件全国人民都知道的事情。

北京的 @ 马正则说："我在成都读大学的时候，一次在公交车上目睹满车人因为不忿车外的一个妈妈打自己四五岁的女儿而要求司机停车，义正词严地要求那个妈妈改变教育方式。我为成都人的公民意识感动，感慨一个爱管'闲事'的城市多么有人情味。"

南京的 @ 许三个心愿说："成都人真是很友善的，问路不会乱指，说一口川普，可以说'肥肠'可爱啦！"

黑龙江的 @ 望说："有个爷爷摔倒在马路边了，马上有人帮他打 120，还有人给他打伞遮太阳，真是热心得'令人发指'。"

不管是地铁口无人看管的硬币也好，爱心墙随意认领的外套也好，"爱心"和"热心"可以成为任何一个城市的爆款标签。在这座城市出现的一些事情，很快就会在其他城市被复制、被策划。但"操心"却是成都人不可复制的特质。它流淌在每个成都人的血液里。即使有时候我们并不喜欢被这种"操心"打扰，不喜欢穿条破洞裤出街就有人来问"你冷不冷"，但更多时候，也只能"无可奈何"却又倍觉温暖地接受这种来自陌生人的日常好意。

是的，成都人就是操心。

成都人的这种操心，不是一来就要巴到你絮絮叨叨念个不停，而是你站在红绿灯口低着头玩手机，变灯的时候旁边大爷轻飘飘地对你来一句："绿灯了，走嘛。" 🔳

● 困扰了我 20 年的关于姆姆头的迷思，
终于有了答案

KUNRAO LE WO 20 NIAN DE GUANYU MUMUTOU DE MISI,
ZHONGYU YOULE DAAN

/ 胡琴

有人说过：如果你想看一个城市的特色，不能去看年轻人的穿着和打扮，要看就要看 50 岁以上女人的装扮，她们才是最集城市气息和风采的人群。

在成都，中老年妇女有一个专门的称呼，叫"姆姆"。一点戏谑，十分疼爱。姆姆爱烫头，十个姆姆九个烫，还有一个在烫的路上。一直想探究一款她们钟爱的盘发，但这款发型没有固定专业的称呼，暂时给它取名叫姆姆头，大家都懂得起。

是不是猛然想起你在街边的某个惊鸿一瞥，或者你姑姑、舅妈、班主任就是这个发型？但正二八经说，你根本不了解它！

姆姆头的特点：高

在记忆里，"高耸入云"一直是用来形容山峰的，但是当我看到姆姆们的发型之后才恍然大悟，这四个字简直是为这款发型而生的啊！

增高效果比高跟鞋还好，如果大爷身高没个一米七几的话，走在这个发型的大妈旁边应该会自卑。

而且没有最高只有更高，所以我一度很好奇姆姆们对高度是不是有什么特别执着的追求？她们私下会不会相互攀比谁的头发盘得比较高？

姆姆头的特点：硬

盘这种发型的嬢嬢些可以算是给自己又多买了一份意外保险，据说就算是砖头掉下来砸脑袋上，都能保证发型完全不变样，而且是纹丝不动。

不管你是跳探戈、恰恰还是迪斯科，旋转跳跃还是闭着眼，都可以做到头发一根都不会散落。

很奇怪，硬是硬，但是发型的上半截还经常会有一种空气感，像炸开的蘑菇云，又像松软的棉花糖。你看起是实打实的一坨，里面又是中空的，真的太神奇了！

姆姆头的特点：花色多

嬢嬢们半辈子都是黑发，慢慢老了之后想要来点不一样的发色。

在她们眼里，染什么深棕、浅棕根本就相当于没有染，白花钱了！所以她们会选择深酒红色或者亮黄色。

除了颜色，盘头的花样还很多，盘发的下半部分还有很多弯曲的小卷卷，但发顶的样式都是一致的。

姆姆头的特点：持久

韩式半永久真的一点儿都不新鲜，我国发型师对于时尚留存时间的探索比韩国超前太多。

盘了这款发型，一周不洗头是没有问题的，如果你心狠点，十天八天都可以不用管，当然，我说的是冬天。

夏天会有味道，不骗你。

姆姆头的特点：显贵气

我猜想，这个发型创作很有可能是受了法国宫廷贵族的影响，大妈的盘发在一定程度做了一些简化和改良。但是显贵气、显高傲的特点是保存了下来了的，一旦哪个姆姆盘这个发型，再配上一件皮草，啧啧，麻将桌上气势都要足个三分！

关于姆姆头的一万个疑问

我找到一个老理发店的师傅，他曾是做这种盘发的好手，关于这个曾经风靡一时的发型，我已经控制不住自己向他抛出了一万个问题！

Q1：做这种发型要花多久的时间？
答：一个多小时，主要是烫发需要一些时间，盘发还是很快。

Q2：需要哪些工具？
答：弹力素、发胶、钢夹子。

Q3：要喷多少发胶才能固定住？
答：这要看技术，熟练的话只需要在盘好的头发面上喷一层发胶就行。

Q4：需要多少钢夹子？
答：30根左右就够了。

Q5：盘一次可以多久不洗头？
答：一周左右是可以保证的。

Q6：这种发型怎么保养呢？
答：这种头发很方便，日常不需要什么保养，最多是睡了觉起来有时候会有些散，用夹子再夹好就行了。

Q7：头发盘好之后会很重吗？

答：不会重。首先本身就是自己的头发，又不会故意去给她增加其他的东西，另外发胶是水性的，也很轻。钢夹子虽然多，但是是合理分布在发型各个方位，所以不会给头部增加负担。

Q8：为什么一定要红色或者黄色？

答：直发黑发显老，看起来人会比较憔悴；红色的小卷卷显得人很活泼、喜庆，而且不会死气沉沉的。

Q9：孃孃们为什么对这种发型很执着？

答：首先是因为这种发型在当时还是很好看的，一个人开始盘，大家就跟着盘，所以你看到一个车间一个院子的孃孃都是这样的发型。

另外呢，还有这么一个说法，中老年妇女因为面部肌肉下垂，选择发型其实是需要很慎重的，向下走的烫发会使面部下垂感更强，显得衰老憔悴，而这种向上走的盘发视觉上有提拉面部肌肉的作用，从而有显得年轻的效果。

听听年轻人对姆姆头的看法

@ 范小范

做这个头发的孃孃一般都有点微胖，还喜欢养只精蹦蹦的小狗，比如说吉娃娃、小泰迪之类的，总之看到这种狗来了，就晓得后面有个红色头发的孃孃跟来了。

@ 茉莉

我姑姑超爱这款发型，我觉得她穿一般的衣服根本配不上这个发型，雍容华贵到可以穿晚礼服去春晚唱一首《我和我的祖国》。

@ 佳佳

这么多年，我总结了一哈，但凡这种造型的孃孃气场都很大，基本上身高在155cm~158cm，身材微胖，穿的不是皮草就是水貂。性格爽朗率真，遇到啥子事，绝不拉稀摆带，性情中人，多数是霸气侧漏的老人婆。

@家有老狗

有一个阿姨，打我从幼儿园混迹在老妈医院起就是这种发型。后脑勺尖尖上一大坨，下面还要盘很多个花的样子，太阳穴旁边还一定要有两个卷卷儿。吹风的时候，我们所有人的头发都缭乱得飞起，她硬是连头发尖尖儿都稳起了的。有一年她和我老妈等一群人一起去欧洲耍了十天，回来之后我终于忍不住问了我老妈："邱阿姨到底是咋个洗头发的嘛？"她笑答："发胶抹得多，拆都拆不开，坚持到回来再洗噻！"

@讲啦

我觉得很酷、很霸气，而且拉身高，非常引人注意，超酷炫，感觉整条街都是她的！我的头发是力万承受不住的。

@白老师

看到这种发型，最开始我的内心毫无波澜甚至还有点想笑，可能孙子或孙女儿顶着同款发型回家被奶奶外婆看到了，觉得当下年轻人流行的就是时髦，于是自己悄悄咪咪地跑到村口王大爷那儿烫头。只有这样才不会被隔壁跳广场舞的张哥嫌弃。

@玩玩儿

我小学班主任就是这个发型，我读了6年小学，她留了6年这个发型，关键是教导处主任和她盘的是一模一样的发型，区分她们不是看脸，而是颜色，班主任的是酒红色，教导处主任的是焦黄色。

@Missara

说实话，姆姆头正在悄然从生活中消亡……虽然大多数时候我看到姆姆头都要头皮一紧，但又不得不说这种发型在记忆里是成都老阿姨热情善良、精力充沛的一个符号。每次要问路，看到顶姆姆头的阿姨你就大胆上，她绝对会不把你整拢目的地不罢休。

@Tang

我一个大孃就这个发型，打从有记忆开始我就很困惑，第一次见吓到了，第二次还是震惊，第三次我就问我妈大孃咋个一直都这个发型，我妈说这样子显头发多……到现在我二十好几了，大孃还是顶起这个发型，我就困惑哪家理发店二十多年手艺还没进步……也许想争个非物质文化遗产。

@YEA

这是一个中土时尚，好比嬢嬢姆姆们的"葬爱家族"，川渝常见，经久不变！逢年过节，嫁女娶媳，再婚改嫁……都一定要去烫个称心如意、艳压群芳的经典款型，甚至在上海一些像彭浦新村这种地方的老美发厅也会瞥见一两个。

@Sylvia_mo

这种头发在 20 世纪 90 年代左右的一些年轻人中也挺流行，记得当时我妈每次参加别人的婚礼都会去盘一个。也是，到现在她们也四五十岁了，爱姆姆头的年轻女孩们变老了。

@ 盼子 yuzu

对这个发型的恐惧源于某天站在公交车上，我站在一位姆姆后面，她那发型高耸入云。突然，姆姆抽出自己正在打的毛线针，插进自己头发里挠了挠。我默默地挪了个位置。

这次去探索姆姆头的时候，我发现这个发型在现在的大妈中间已经不流行了。很多理发店直接说："早就不做这个生意了。"

美容美发学校也不再教学生这项手艺，他们致力于学习韩式扎发和短发的裁剪，对这种发型嗤之以鼻。也就是说，这项在姆姆中流行数十年的潮发手艺即将失传了！那么，在姆姆们中间现在又流行什么发型？我又陷入了新一轮的迷思。⬛

● 成都大爷，一种介于"佛系"和朋克间的存在

CHENGDU DAYE，YIZHONG JIEYU "FOXI" HE PENGKE
JIAN DE CUNZAI

/ 雷曜维

每一个在成都生活过的人都知道，成都姆姆（孃孃）的存在感有多强。

不客气地说，一个成都人一天到黑都在跟孃孃打交道。小区门口卖面、卖油条的是孃孃，公交车上甩包包占座的是孃孃，下了班和你一起挤在马路边抢特价水果的还是孃孃。

有句话说，只要有人的地方，就有江湖；但是在成都，这句话必须被改写成：只要有人的地方，就有孃孃。

那成都的大爷呢？

他们同样生活在这片地界上，但你很少看到他们成群结队地出没在某个地方，公交车、菜市场是姆姆的地盘，是中老年妇女社交的场所，再会弯酸的大爷也要退让三分——说退让也不准确，因为成都的大爷，是对自我非常有要求的大爷。

他们根本不屑于抢占公交车后排的最后两个座位，也完全看不起超市里晚 8 点后 1.99 元的特价砂糖橘，他们看待一切事物都有种我佛慈悲的淡然，但同时又有一种特立独行的朋克气质。

成都的大爷从来不打堆堆，只有一种情况例外。只要街边一有棋局，平时再冷傲的大爷都很难把持得住，里三层外三层地像包花卷一样围得水泄不通。

但是啊，大爷们，你们真的都看得到棋吗？怎么看，也是只能看到后脑勺的角度吧！

"佛系"一点的大爷，眼里无棋，心中有棋；稍稍躁一点的，踩在花坛边边上支起脑壳踮起脚往里头倾，感觉随时要来一场棋盘 POGO（"POGO"一词来源于极限运动，指的是原地纵跳）。

还有一次，我在公交车上碰到两个姆姆在吵架。

姆姆围绕着背篼挡不挡路的问题你来我往，一句比一句声音高，一字一句像炸雷一样，所有人全都往车厢后半截缩，根本不敢离她们稍稍近一点，就怕被唾沫星子砸到。

偏偏在这个修罗场的中间，站了一个穿貂皮大衣的成都大爷。

大爷真的是人才，哪怕身处风暴中心也依然波澜不惊，眼皮子都不抬一下，硬生生听她们两个互相问候完了对方家里的所有亲戚。

有个操着一口北方口音的大哥去劝架，被挡了回来；有一个热心的年轻一点的姆姆去劝架，又被挡了回来。战斗双方中的其中一方愤愤找劝架的人讨要说法："你看嘛！她好莫得名堂嘛！背篼挡得到她的路，她是金子打的，碰不得嗦！"

这个时候穿貂皮大衣的大爷突然咳了一声，依然眼皮子不抬："晓得哪个莫得名堂哦，闹啥子嘛，有脾气打一架嘛！"

满车震惊，我拿星星眼看大爷。敢于和嬢嬢刚正面，这才是硬核啊！

为什么说成都大爷是介于"佛系"和朋克之间的存在？大部分原因可能还是大爷们的"佛系"外表，都是朋克内心的包装壳。

每个傍晚，在灯红酒绿的商场门口，在震耳欲聋的广场舞背景音乐里，你总能看到一个大爷，淡然地提着一支水笔，在水泥地上泼墨写意，宠辱不惊，名家风范。

用的不是墨水，是自来水（而且很可能是家里二次利用的自来水），炫技的同时还顺便拖了个地，不知不觉又减轻了环卫工人的负担，你说，这个爱好是不是很环保？

而且一般敢出来在大广场上写水笔字的大爷，都是有一定水准的，一般写诗的比较多。

夜晚五花八门的广场舞褪去，清晨是大爷的战场。旋转跳跃闭着眼，大爷的牛牛儿永不停歇。

护牛牛儿的大爷，比的就是一个猛！一个狠！一个准！吵不醒隔壁28楼的住家户，怎么好意思说自己是护牛牛儿的。

而且，你们年轻人蹦迪蹦到凌晨四五点算什么摇滚先锋啊，天还没亮就爬起来护牛牛儿的见过吗？风雨无阻、节假不休的，见过吗？

要我说，大爷才是真正活出了朋克精神，相当自我，无拘无束。🇹🇿

● 别人买菜就买菜，成都人还要顺便捏把花回家

BIEREN MAICAI JIU MAICAI，CHENGDUREN HAIYAO
SHUNBIAN NIE BA HUA HUIJIA

/ 雷曜维

我的大学室友正在读研，她研究的专业叫美学。

我们一直对她这个听起来有点缥缈梦幻的专业有点好奇，认真提问之后，学霸给出的答案立刻让我头痛了。

"在你们专业中，美学到底是什么？怎么解释？"

"感知学，研究人的审美本源和原型，主要从人类学方向上研究。"
"哲学的二级学科。"
"就是研究为什么人们会感觉是美的，怎样算是美的？"

算了算了，还是我自己来摆一哈这个概念。按我的理解，美学这个东西，其实生活中到处都是嘛。不提什么巴赫、莫奈，就拿成都来说，我们成都人有着自己朴素、天生而又悠然自得的生活美学。

成都人的美学从来不来虚的，而是体现在生活的方方面面，各种细节和各种动作之中。

1. 别人买菜就买菜，成都人呢？他们买完菜总要顺手捏一束花回家。

穿过卖香肠、腊肉、蔬菜、水果的摊位，综合菜市里总会藏着一间不起眼的花店，没有讲究的包装，看起哪种了，直接包上报纸拿走，便宜又好看。一点点缀，满室生辉，家里就美起来了。

周末去三圣乡晒太阳，走的时候一定会带走一束花，夏天的栀子，冬天的蜡梅……成都人爱花，更爱花带来的愉悦。

2. 别人过生日，招呼一群朋友去 KTV 里喝酒开派对。成都人呢？他们甚至会自己开个音乐会，或者是诗歌朗诵会。

我听说过一件事情，说是一位旅居欧洲多年的女性，在自己 40 岁生日那天回到成都，和亲朋好友一起开了一场诗歌朗诵会，为自己庆贺生日。别的地方的年轻人一到周末，要不就打堆撒野，要不就宅家上网。成都的年轻人呢？他们会更愿意去书店听作家些讲一堂课。

流沙河老先生多年来在图书馆办了不少的讲座。有时候讲诗经，有时候讲五言律诗。

我第一次去的时候震惊了，以为去听的肯定都是大爷大妈，结果年轻人打拥堂，三五结伴坐在一起听得津津有味。老先生语速很慢，坐远了甚至听不太清楚，不过听他用四川话讲孟浩然的《岁暮归南山》，讲《庄子》的核心，别有风味。

3. 别人卖小吃就卖小吃，成都的小老板呢？他们顺便还要搞一搞艺术。

庆云北街，一条灰扑扑的街上，有一天突然闪现了一家明黄色的小店，最后发现是卖蛋烘糕的。成都娃儿从小都是吃推推车卖的蛋烘糕，而这个留着蘑菇头的小哥却支起了一个正经门面，这边窗口制作着奶油黄桃的蛋烘糕，另外一边则摆满了小哥的装置艺术品。就几平方米的铺面，对他来说却是事业和梦想的完美结合。

再往前走几米，是名气更大的庆云餐，胖胖的老板除了自己炒菜颠勺，还搞了一个瓷片博物馆，生动诠释了"生活不止眼前的苟且，还有诗和远方"。

成都人的美学还能更具体、更生动——可以是提着鸟笼子哼着曲的大爷，是菜市场打趣讲价乐呵的嬢嬢，是蹬着28大轮自行车接送孩子的父母，是院子里欢乐蹦跳的邻居娃娃，还可以是安静生长见证人、事、物变迁的花草树木，是每个人脸上的笑意，和发自内心感受到的点滴温暖。🅣

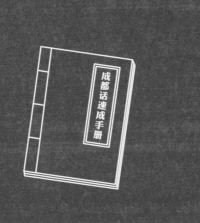

成都话速成手册

● 成都话速成手册

CHENGDUHUA SUCHENG SHOUCE

/ 彭何

坊间有个段子：说中华人民共和国成立之后，要投票选官方语言，就差那么一票，四川话差点就成为全国通用的语言。知道是谣言，但四川人听了还是很高兴。

这年头，不学习一点成都话，感觉在社交平台上都混不下去了。向全国人民传授成都话的精髓，开一个成都话速成班很有必要！

知道你们已经在贝利马列斯·里贝金老师的带领下，掌握了不少成都话。

"摇裤""火炮儿"就是"内裤"，"省子"就是"笋子"，"过拣"就是不许挑选，一次性用碗或盆儿装一大堆进口袋。没有容器就要说"过捧"，拿双手搞定。樱桃、杨梅、桑葚之类的东西，除非老板儿是瓜的，就算有容器也不会拿给你们用，只能说"过捧"。

想象一下这句歌词"轻轻地捧着你的脸"，你再仔细体会一下"过拣"和"过捧"之间的力道。好了，"摆话"（闲话废话）说完，现在成都话速成班正式开课，速成手册都帮你们准备好了！

知识点一：吞音

教学目的：一个字可以说清楚的，绝不使用两个字。

教学重点：行云流水，不动声色地把音节吞掉，也有一些技巧可言。

一个二字词语，读音要念成第一个字的声母 + 第二个字的韵母组成
的那个字。但通常都不会直接拼成一个字的读音，还需要加 i 和 u。

1. 第一类是第一个字的声母 +u+ 第二个字的韵母。

"可以可以可以"要念成"葵葵葵葵葵"。

"居然"要说成"卷"。

"不要不要不要"是"表表表表表"。

"昨天"吞音成"钻"。

"过来过来过来"变成"乖乖乖乖乖"。

"出来"对应的是"揣"。

2. 第二类就是第一个字的声母 +i+ 第二个字的韵母，来，继续跟到念。

"是的是的是的"要说成"涩涩涩涩涩"。

"今天"是"尖"。

"明天"是"绵"。

"几哈几哈"说成"驾驾"，想象一下赶马车的画面，仔细体会一下。

"你看"是"黏"。

当然，也有不属于以上任何一类的少数。比如成都人最喜欢语气词"嘎"，翻译成普通话就是"该是吧"，疑问的语气，提出一个看法后，再征求别人的观点。

"这个糖油果子还有点好吃嘎？""表德。"

没听懂？"表德"就是"不晓得"，也是典型成都话吞音的一个词语。

当你学会连贯地说："尖（今天）卷（居然）下雨了，我们绵（明天）再揣（出来）葵（可以）吗？"恭喜你，这个知识点你彻底掌握了。

知识点二：*ABB* 结构的叠音

教学目的：成都人的牙尖，成都人的萌，成都人的乖巧，全都在叠音词里面，这也是成都话最大的特点之一，学会了，你也是春熙路口子上的乖幺妹儿。

教学重点：如何不做作地说出这些词语，相当考验水平，建议多向逛菜市场的成都女人学习。不建议男的学习，当然，大老爷们儿逗逗孙子，还是可以。

有哪些词语？

风把电灯吹得哗哗响，天气突然降温，要说"外面风蒿蒿"。说完这句，下一句一定是"快去加一件衣服，免得感冒了"。

对于味道，如果是酸的，要说成"酸叽叽"或者"酸纠纠"，感觉上讨厌，其实心里还是美。如果是甜的，那也要说成叠音"甜咪咪"。

形容颜色，很多地方都喜欢用"黄灿灿""绿油油"，但只有成都人才说"白cuacua"的，拼音都打不出来，是苍白的意思。"他的脸白cuacua的，担怕（担心恐怕）是得病了。"

关于状态，酒喝多了，走路不稳当，东倒西歪，要说成"打趔趔"，一不小心就要栽跟斗。

发烧了，摸完额头，要说"烧乎乎"。

夏天汗流多了，背上黏糊，成都人要说成"粘呀呀"；糖化在手上了"粘呀呀"；一不小心踩到屎了，也说"粘呀呀"。同一个词，这画风确实差得有点大了。

当然，这么多 ABB 型的叠音里面，最地道最市井的还是"瓜矬矬"，"这个婆娘瓜矬矬的。""你硬是瓜矬矬的，喊你到楼底下买个 5 号电池，你非要买 7 号。"

被商家骗了，花了高价买东西，成都人要说这个老板儿"敲棒棒"，乱喊价。

课外拓展：说一个人莽撞，要说成"飞叉叉"的，如果是四个字的词，那要说"风死麻膜"。

知识点三：AAB 结构的叠音

教学目的：还能有什么目的，还不是为了卖萌，成都话终生都在致力于卖萌！

教学重点：成都话中，ABB 结构的叠音，大多是形容词。换一下顺序，变成 AAB 结构，用来当名词。

第一类：是以"儿"结尾的叠字。

茶杯、杯子要说成"杯杯儿"，茶壶、水壶要说成"壶壶儿"，铁钉要说成"钉钉儿"。

你放心大胆地猜猜"铠铠儿"是拿来干吗的？这是成都农民拿来舀尿桶里的水浇菜的工具！是不是闻到了一股味道，哈哈哈。

吃的豆子成都人也要说成"豆豆儿"，脸上长的那个叫"痘痘儿"。

课外拓展：成都话儿化音的精髓，在两个词。一个是"吃巴皮儿"，意思是占别人便宜，别人吃酒席，你跟在别人屁股后面也去，一分钱不花就吃了一顿好的。

还有一个就是"边花儿"，书面的说法叫"单眼失明"，成都人直接按照所见的形象来命名。是得罪人的词语，只能在背地里说说。

第二类：没有儿来凑字数，绝对是正经 AAB 结构名词。

小孩的开裆裤成都人叫"叉叉裤"，双脚叉开就可以解决大小便的问题，按照动作生成的名词。

手掌也叫巴掌，但成都人还要装怪卖萌，一定要说"巴巴掌"。"大家的巴巴掌不够热烈啊！"

说具体的物件用 AAB 结构也就算了，成都人连方位也不放过。

底下要说成"底底下"。底底下都找不到，那就真的找不到了，哦嗬，只有买新的。

知识点四：ABAC 结构

教学目的：说也奇怪，成都话中，ABAC 结构的词语，基本都是骂人的，可能是语气上具有无人能敌的效果。

生活中，谁还没有小矛盾。一连串四字骂人词语的掌握，可以深刻地掌握成都人牙尖的精髓。

教学重点：词语本身没有难点，把握几个关键字"怪""瓜""宝"的基本情感基调就八九不离十。真正的难点在如何与人争吵，一直动口不动手，这需要深刻的实践。

觉得某人特傻，要说"宝里宝器""瓜眉瓜眼"，这两词多集中在整体气质的形容上。气质从何而来，首先还是得看五官长相。所以此类损人的词语，一定要和眼睛、眉毛、嘴巴、鼻子结合起来。

外观看不顺眼，要说"怪眉怪眼""怪头怪脑"。

声音不好听，听了心里不舒服，成都人说"莽声莽气""怪声怪气"。

再强调一次，这种 ABAC 结构的词，通常都不是好词，谁拿来说我，我就要给那人两耳矢（耳光）！

知识点五：*ABAB 结构*

教学目的：一个字可以说清楚的，非要装疯迷窍多说三个字，掌握了这些词，你就是全天下比滚滚还萌的宝宝！

教学重点：词语含义的好坏要分清，不然被骂了都不晓得。

感觉有一点点辣要说"辣呋辣呋"，还可以接受的程度，没有辣到崩溃。

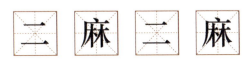

觉得麻婆豆腐有点麻，你想用"二麻二麻"？对不起，这个词是用来形容喝酒的，成都人微醺的状态就是"二麻二麻"。刚刚上脸，还没有醉到要去九眼桥裸奔。

一点点痛，要用"阴痛阴痛"。痛得不明显，但就是心里觉得不舒服。

划重点，下面两个是说人脾气怪，不好相处。"那件衣服怎么讲价都不卖给我，女老板傲起傲起，不卖算了。""呕起呕起"基本和"傲起傲起"使用场景一样。

知识点六：*AABB 结构*

教学目的：私以为这是叠音词的加强版！听起来萌哇，要是有天吃饭没过瘾，觉得食材差劲，用这些词怼老板最好！看他还敢不敢烧（坑）你！

教学重点：有什么难点，掌握了叠音就掌握了加强版的叠音！

菜吃到最后，剩下的就叫"汤汤水水"，拿来第二天煮面条都没人吃，成都人通常是要拿来喂土狗的！

买到不好的肉，东一块西一块，就一根白色的油脂连起来，这种肉就可以形容为"巾巾吊吊"，买回去要挨骂；女的穿得太清凉，各种蕾丝，也可以被称为"巾巾吊吊"，穿回家去，妈老汉儿也是要把你脑壳骂冰（成都人骂人的最高级别）的！

掌握这些成都话的关键词语，听懂成都人说话简直就不存在大问题了。

学好成都话，走遍全网都不怕！ 🔳

嗬哟

● 当成都人说嗬哟的时候他们到底在说啥子

DANG CHENGDUREN SHUO HEYO DE SHIHOU
TAMEN DAODI ZAI SHUO SHAZI

/ 贾茹

四川话里面有一个耐人寻味的词：嗬哟。为啥说它耐人寻味？作为一个语气词，可以表达至少 8 种以上的意思。

一、表示惊讶

语法技巧：短促、急切，重音在第一个字。

【例】：嗬哟，有点儿帅哦！

我的同事彭主任，因为前段时间的改造，从直男系的钢筋直发变成了精致男孩系的软萌卷发。

眼睁睁地看到一个学生娃娃变成了行走在时尚尖端的弄潮儿，办公室的同事们都惊讶了：嗬哟，彭主任，有点儿帅哦！

作为发际线略微靠后的老气少年，彭主任的这次改造堪称脱胎换骨，所以这句话翻译过来，就是：嗬哟，彭主任居然还可以这么帅啊！

二、表示愤怒

语法技巧：拖长第一个字，加重四声的声调。

【例】：嗬哟，简直要翻天了！

在这句话中，"嗬哟"所表示的意思是"不得了了""太过分了"，有时候也可以根据"嗬哟"这两个字的大声程度，来判断事态的严重程度。

比如，李阿姨去接娃娃放学，看到娃娃一路追逐打闹地跑到校门口来，连老师都看不惯了：嗬哟，你这个娃娃，简直要翻天了！

言语中，透露出老师不是很安逸的态度，虽然没有大肆告状，但李阿姨的娃娃今天回家肯定也是难逃一顿笋子熬肉了！

三、表示遗憾

语法技巧：两个字均有拖长。

【例】嗬——哟——尖输瓜了！

王太婆莫得事爱打点儿块把钱的小麻将，输赢都是点儿买菜钱。

不过，打麻将总有手气不好的时候，一张牌没算对，很可能就会造成一场无法挽回的惨败。

一个下午连输 10 块钱的王太婆总觉得自己坐的方位没对，但牌局尚未结束，还要保持牌品，摸出最后 5 元的王太婆不免心生抱怨：嗬——哟——尖输瓜了！

两个字都拖长读，并且音调都是往下走的，表现出了王太婆牌桌上败北之后的不满意、不甘心，以及不了然。

四、表示赞美

语法技巧：第二个字读作二声。

【例】：嗬哟，你这个发型弄得漂亮哦！

从不吝啬对他人赞美的成都人深知，赞美可以增进感情。

刚从发廊出来的刘嬢嬢碰到了跳广场舞的好姐妹，挑染了几根红发、做了个花，摩丝一打，再也不会显得霉朴烂杵。

好姐妹肯定要粉起撒：嗬哟，刘姐，你这个发型弄得漂亮哦！

当第二个字读作二声的时候，语气会变得牙尖一些，表示对所见事物的肯定，言下之意：做了头发的刘姐，确实让人眼前一亮！

五、表示羡慕

语法技巧：第一个字用丹田吐气，两个字要拖得一样长，偶尔搭配噘嘴和虚眼的表情。

【例】：嗬哟，她都买第三个爱马仕了！

常年A货加身的素芬儿走到哪儿都是妖艳儿火闪的，

但当她看到隔壁子美娟又刁了一个新款爱马仕出来的时候，她瞬间觉得自己变得黯然失色，

只能在老公面前跺脚：嗬哟，她都买第三个爱马仕了！

因为成都人语气中自带的牙尖，这句话很多时候也会有一些嫉妒的含义在里面。

六、表示嘲笑

语法技巧：第二个字读作轻声，发音的时候要不紧不慢，可伴随戏谑式的冷笑。

【例】：嗬哟，你这么大岁数了连饭都煮不熟嗦！

耙耳朵小张难得在家弄个饭，还没把打米水比好，就慌到按下了"开始"键。

晚上回来，老婆揭开电饭煲的盖盖就是一肚子气：嗬哟，你这么大岁数了连饭都煮不熟嗦！

是不是有种小张被刁起耳朵的既视感？

当这个词这样读的时候，难免有些贬义，简单地说，是个玩笑，往深里说，就是不满意，有浓浓的讽刺之意，

"这么大了还不会煮饭"，隔着书本都能感觉到小张老婆眼神中的鄙夷。

七、表示喜悦

语法技巧：轻松带过，两个字之间连接紧凑。

【例】：嗬哟，过了过了，考过了！

复读 6 年都还没有考起大学的赵同学今年又参加了高考。

前 5 年的努力终于没有白费，查完分数的赵同学一脸轻松：嗬哟，过了过了！考过了！

一般这样说出来的"嗬哟"，就是高兴的意思了，跟普通的高兴有一点点区别，成都人这种用"嗬哟"表达出来的高兴，往往指意料之外。

八、表示八卦

语法技巧：第一个字稍稍加重，说完之后稍稍停顿再接主语。

【例】：嗨哟，他们两个又网起了嗦！

这个算是"嗨哟"这个词在成都最高级的用法，成都人从来不缺一颗八卦的心。

坊间有个说法是：你吐一泡痰在地上，一个人一直看着，然后等会儿就会围 10 个人过来看，最后里三层外三层围几圈……

读这两个字的时候，我们一般都会欲扬先抑，表面上看起来的云淡风轻，就是为了下一秒的眉飞色舞。

如果你根据以上情景，学会了"嗨哟"这两个字的基本用法之后，我还有一个进阶的建议：作为句子的开头叠加使用，风味更佳。

举个例子，那天李贝贝摆了一个他去做 spa 的故事：

"难得切做一盘'丝粑'，在走廊中，就听到各个房间此起彼伏的叫喊声，简直是不堪入耳。现在的年轻人，身体硬是不得行，师傅稍微用点力在背上按几下，大家就痛得哎呀哎哟惊叫唤了。"

马上就有人来评论了："李老师还洗荤脚嗦！"

现学现用，在这句话前头加一个"嗨哟"，那种活色生香的画面马上就出来了！

"嗨哟，李老师还洗荤脚嗦！"

不信你念一哈，体会一哈。🈚

● 作为一个不吃辣的四川人是一种什么样的感受

ZUOWEI YIGE BUCHILA DE SICHUANREN SHI YIZHONG
SHENMEYANG DE GANSHOU

/ 彭何

这个世界到处都充满谎言和误解。

四川人请广东人吃饭，说："吃嘛，这个一点儿都不辣，儿豁你。"广东人辣出眼泪了，四川人面不改色，又吃了一口说："是不辣啊。"

轮到广东人请四川人吃饭，好心提醒，说这个是很辣的哟。吃一口，四川人丢过去一个白眼。

也不知道为什么，全国人民都以为所有四川人都很能吃辣。甚至产生了"四川的猫能吃辣吗？"这样的疑问。这到底对四川人有多大的误解啊！

我，就是那个不能吃辣的四川人！

小时候爹妈去菜市场买回凉拌的猪头肉，我必须用白开水把辣椒冲洗掉才敢吃。久而久之，爹妈也很默契地每次只买卤猪头肉回来，卤的，没什么辣味。

等稍微长大了，看着别人家孩子——对，别人家的孩子都能吃辣，爹妈心理不平衡，也尝试着鼓励我吃辣椒。结果当时是吃下去了，第二天起来保证扁桃体发炎，又红又肿，口水都吞不下。这个时候，搞笑的是爹妈还使劲骂："喊你不要吃辣椒你还要吃，看哇，发炎了吧，走，打针去。"

妈老汉儿都能吃辣，唯独我不能，想吃辣又不敢，那一刻，我甚至产生了自己是不是父母亲生的困惑。上学之后，不吃辣的四川人又多了一重挑战。除了家中的食物，我还得和校门口的小卖部战斗。各种一毛、两毛、五毛的辣条最畅销、最流行，还有炸洋芋，结果我通通吃不得。

其他同学放学后都蜂拥着挤满了小卖部门口，我只能站在最外层张望一下，吞口水的声音是那么清晰。我自觉地再往前走，去买了一个棉花糖。举着棉花糖走在路上，自己都觉得自己是个娘炮。

一个兄弟伙趁你不注意塞了一根辣条到你嘴里，顿时辣得跳，大家都哄堂大笑，然后你发誓要给他说八点半。（八点半，吃稀饭，我不跟你两个耍了！）

到了中学，中午吃食堂，食堂里的师傅跟辣椒不要钱似的，大把大把放，有越放越多的趋势。高一你都是把辣椒一粒一粒挑出来就好了。到了高三，你想还是直接在菜里挑出两块可以吃的肉和蔬菜这样会更快吧。大学也惨，根本不知道去哪里读，"吃"是比"学"更大的问题。就在四川本地读？辣了十多年，怕了。

去不吃辣的外地读？得了吧。首先你不能参加老乡会，别人都说吃火锅，你没法儿提议吃别的。其次，你可能遇到很能吃辣的外地人，撸串儿要裹三圈儿干辣椒面，吃辣不输四川人。遇到这更丢脸了，不是吗？

四川人约饭聚餐多数都是吃火锅。

不能吃辣，但随时又想吃辣，这种四川人最造孽。

朋友一约饭，我心里早就打退堂鼓，实在推不掉了，嘴里骂了千万遍，但还是不得不去，每次锅都还没端上来就先要碗白开水。"服务员，来碗白水嘛。不是一杯，是一碗。不是喝，是洗。"服务员给你一个白眼，再给你端来一碗开水。毛肚烫好在白水中洗了又洗才能下肚。

每洗一次周围的朋友起哄一次，怂恿不要洗，偶尔尝试着直接吃下去，结果回去就拉肚子，胃还很痛，一不小心就急性肠胃炎，半夜还跑医院挂点滴。

吃一次拉一次，最先还以为是火锅不卫生，结果别人都活蹦乱跳。之后吃辣的冒菜、炒菜、面条，也都继续拉肚子。有时候，吃一点点老干妈那种级别的辣椒都要"打标枪"。

一顿火锅下来换了四五碗白开水，服务员那个脸色哦，心头一定在想这是外地人吧。为啥不吃鸳鸯锅？鸳鸯锅卖得更贵啊。这是赤裸裸的歧视。

不能吃辣，这感觉和朋友相聚搓麻将，而我告诉他们我不会打麻将一样的。都在嗨，而只有我坐在枑林角角头打瞌睡喝清茶，心里总觉得有点不舒服，不好耍。

偶尔家人朋友在饮食上会照顾，煮个丸子汤，炒素菜不放干辣椒，但主流还是嫌弃，或许不吃辣的人就不该出生在四川。

不吃辣的人遇到的尴尬不是一般多：

@ 小艾扣

有次去吃三个马的火锅，我们点了鸳鸯锅，结果老板说只有红锅了。我们鼓捣要吃鸳鸯锅，老板就洗刷我们："啊，你四川人不吃辣啊。"最后老板儿没得办法，还专门开着"拓拓儿"车回老店去拉了一口鸳鸯锅过来。

@ 懒癌晚期患者

上学的时候，学校旁边卖的凉面超级好吃，我每次都不要辣，并且要求老板加糖，老板也没有加辣，只是用上次拌完凉面的盆又拌了一个不辣的，我都得就着两瓶水才能顺下去。

@ 杨迅

我童年时代，家里人唯一一会主动给我买的是麻辣牛肉末，父母怀抱着"每天吃一点辣慢慢也就习惯了"的痴心妄想……自然，是失败了。

@ 南南夏奈

作为一个四川人，不能吃辣不能吃醋，每次去吃酸辣粉必须说不要辣椒不要醋的时候，老板都是一脸懵。

@ 飞天红猪侠

家有二货媳妇儿一枚，上次我做菜放了一个青椒，其实一点都不辣。吃饭的时候她就一直在说好辣好辣，我实在看不下去了就嘲讽她："你一个四川人还不吃辣？"结果这货头都没抬说了一句："那你们山东人都会开挖掘机？"

@D1

假四川人有三宝：海味面、原汤抄手和白味肥肠粉。不要问我咋晓得的，假四川人都懂。

人舌头感觉到辣的原理复杂，但"知乎"上有人写得生动：

你能感觉到辣就是因为某种叫辣椒素的东西，像针一样扎在你的味蕾上，让你感受到一阵阵灼烧般的痛感，继而大脑指挥身体产生一系列应激性反应，比如出汗、脸红、涕泗横流等等。

对不吃辣的四川人，所有的误解都可以浓缩成"不能吃辣椒，你还是不是四川人哦！"有时候连外地朋友都要惊呼，你不吃辣椒，不可能，你们川菜那么辣的。

川菜都很辣，四川人祖祖辈辈都吃辣椒？真的，这是天大的误解。

川人嗜辣不过是近三四百年的事情。

四川盛产甘蔗，唐宋以前，川人重蜜食甜。直到元明、明清之间的战争后，种植甘蔗的人口减少，糖作为主要调料的川菜才衰落。清朝中期，重盐逐渐成为川菜的主要特征（四川盐多，最出名的是自贡井盐）。差不多也是明清之际，辣椒传入中国，历史记载，西南地区辣椒最先传入贵州，再传入四川。

两者都是重口味，缺乏食盐的时候，机智的人们就用辣椒来替代，满足重口味的需求。乾隆年间的《广西通志》就有记载："每食烂饭，辣椒代盐。"

也由于历史政策原因，四川人能够吃到的盐越来越少，而人越来越多，于是更多习惯了重口味的四川人用辣椒来代替食盐，形成了现在的川菜格局。

也有清淡的川菜流传下来，成为现在的稀罕物。

蔡澜最为推崇的开水白菜就是一道以清淡著称的经典川菜。他讲"开水白菜的清汤代表着川菜的最高境界"。老母鸡、干贝、排骨、火腿、蹄子，分别反复炖煮过滤，最后只留最清澈的高汤来煮白菜心。

除了开水白菜，还有一道叫鸡豆花儿的川菜也是清淡至极，现在老成都人都不一定听过。鸡肉去掉筋膜，剁成茸，与蛋清、清水、湿淀粉、盐和味精等一起调成稀浆后放入烧开的清汤中，推动几下，鸡茸一点点凝聚，最后形成豆花儿的样子。

这就是食鸡不见鸡。无论是调制鸡茸的配料比例，还是制作时候火候的掌握，难度都相当大，很考手艺。

另一道川菜雪花鸡淖也差不多是鸡豆花儿那种做法，火候的不同使得鸡淖更加洁白蓬松。对于不吃辣椒的四川人来说，只要这些清淡川菜的大名还在，就是心理上巨大的安慰。

只是可惜，这类川菜越来越少见，快成了传说。费时费工夫，现在少有人做，能吃到成本也极高。

高级清淡的吃不到，清汤寡水的吃不下，麻辣鲜香的吃不得，用妈老汉儿的话说就是，你怎么那么挑嘴喃，怎么那么难将就喃。

问我，我也不晓得啊。🇹

● 成都老板儿取名好撇脱

CHENGDU LAOBANER QUMING HAO PIETUO

/ 吴逸韵　贾茹

广州的朋友开铺子，会特意找大师测字来取名字。但在成都看到的各种招牌，都是猪耳朵大酒店、崇州张鸡蛋、陈鳝鱼米粉之类的，丝毫不讲究，但又有点俏皮可爱。

作为一个新"蓉漂"，自从第 99 次迷失在成都街头过于简单粗暴的店铺招牌中后，我终于下定决心来"控诉"成都餐饮老板儿们取名字的时候过于随意，不愿意浪费哪怕多一秒的时间来斟酌思考。

心目中最佳取名一定要留给开在温江的猪耳朵大酒店，就是这家店让我对成都店老板儿取名字的随性有了新的理解。猪耳朵好理解，大酒店也看得懂，组合在一起，再配上院坝棚棚里的简陋圆桌，整体就是超现实主义的迷惑行为。

第二次让人对店名产生迷惑出现在一次群聊里，华阳的某个吃货推荐了陈鳝鱼米粉，看到的第一反应是："这个老板叫陈鳝鱼？也太儿戏了！"

反应了三秒才发现这家店的取名模板和张烤鸭、韩包子、钟水饺一样，老板姓陈，店里招牌是鳝鱼米粉。慢慢地，我终于从这些取名规则里发现了一些专属于成都老板儿的套路。

套路一：地名 + 姓氏 + 具体物品（多见于餐馆）

自从对成都的店招牌重点关注之后，发现最常见的取名套路就是地名 + 姓氏 + 食物的组合，一旦给食物冠以姓就显得很厉害，再加上地区限定就更加无敌。像是一看到崇州张鸡蛋，就自动默认成这是整个崇州"最好的"鸡蛋，虽然谁也说不清崇州到底有多少卖鸡蛋的。

另外更普及的是姓氏 + 食物，同样是来自崇州，卖猪耳朵的"代耳朵"仗着老板不那么普通的姓，足以让人过目不忘。朋友见过这个名字之后，就时刻惦记着，听她提了不下五次！

在成都街头随便逛逛，几乎就能凑齐百家姓，最常见的就是某记、某家、某氏，提取老板姓氏之后，后面内容可以任意搭配。

随便打开一个美食软件，输入几个普通姓氏——

赵：赵二老火锅，约 5 个结果；赵记：约 151 个结果；赵二：约 28 个结果……

钱：钱坤面；孙：孙毛肚；李：李记糖醋烧烤，李豆汤饭……

除了赵钱孙李，周吴郑王也有不少，还有各种各样常见或不常见的姓氏。

此类格式的名字首先信息点到位，其次不管开业时间久不久都给人一种百年老店般的厚重感：老板儿一定是个有脾气的老手艺人，说不定还传了几代。店名和亲戚有关的，味道都不会太差，像是：杨三孃跷脚牛肉、翟大爷抄手……以婆婆妈妈为首，大爷殿后，又由于成都的地域属性，孃孃大队异军突起。大概是看中大家都留恋一份家里的味道，加上这些称谓之后就为味道加持了一份温情。但是王婆婆白天在北门卖蹄花，晚上又在南门卖烧烤听起来十分心酸。更何况和朋友约饭，直到最后一秒才发现：你的二孃不是我的二孃，你的二孃抓着鸡脚脚，我的二孃忙着在锅里炸串串！

有大爷就一定有少爷，还可以以此类推出二爷、三爷、四爷、八爷，角色一下子从乡村爱情切换到清宫传奇，不管卖的食物多接地气，气质总是瞬间高贵了。

同样是男性长辈，最让人迷惑的是只有大爷和爷才能在女性撑起的招牌世界争得一席之地。"老汉儿"和"爸"少到可以忽略不计。

取名字叫"爸炸嘿"的炸串店是什么奇怪网友的杰作啊！自带语音效果，大概可能是爸爸炸着串很高兴的意思吧！

有了长辈自然还有平辈，哥和姐都是高频词汇。大哥二哥三哥四哥，大姐二姐三姐四姐，一家人就是要齐齐整整。

接着排下来就是各种"妹""小妹"。但是细细盘了一下，原来店名里也体现了家人对小儿子的偏爱，"弟弟"出来开馆子的就很少，即便是有，大多数也是扛着兄弟的名号。

还有一种常见名字，就是直接像生了一堆孩子的大家长天天喊着"老大、老二、老三"。

每次到想吃什么的时候，都感觉自己像极了"空巢老人"，念叨着："老大在卖串串，生意挺好的，天天有人排队；老二的烤鱼味道也不错；老三的烧烤摊每天都摆到很晚。"

套路二：招牌自带方言语音

四川话博大精深，以前我一直不懂这句话的含义，但自从我在各个地方看到这些稀奇古怪的名字之后，我觉得这句话说得在理。这里的"博大精深"，除了它的字面意思之外，还有一种四川人脑壳烂、打得滑的古灵精怪在里面。

门牙说，她以前上初中的时候，班上一个叫李小敏的同学骑了一辆崭新的自行车来上学，骑起只有那么提劲了。班上的男生也牙尖，就杵拢切看，看了之后，就满教室地吼："李小敏的新车子叫'架势骑'！哈哈哈哈哈哈……"从此以后，每次李小敏一出现，班上的男生就要问她："李小敏，你的'架势骑'喃？你架势骑嘛！"

这辆名叫"架势骑"的自行车好是好骑，就是锁不太好开。李小敏说，有一次她反复揪了好多次，锁就是不开，马上早读就要迟到了，急得她满头大汗。恍惚间抬起眼睛才看清楚这把锁上印的 logo 是"奈我何"，李小敏都气笑了。

从自行车到车锁，光是一个名字，就各自立起了人设。

蓓蓓偶遇过一家叫老裹裹的老火锅。"老裹裹"，其实正确的成都话应该写成"老果果"。好多成都的老果果都晓得，这个词就是指那些年纪大的人。比如："我们这些老果果，啥子大风大浪没见过。"再往深里理解，就是老街娃儿、老操哥的意思。

就一个店名，就交代清楚了这家火锅店是个老果果开的，首先是本地人跑不脱，其次，老果果凭多年的社会经验，出来开一家火锅店，味道和质量肯定都有保障，你再问老板儿是哪个？哦，老果果。你看，四川人那种来自市井街头的烟火气，几个字就表达了。

还有一次，康康和蓓蓓去峨眉山采访，下山之后，坐在车上的康康偶然间看到了某个地产的牌牌，上面赫然印着三个大字："峨眉印。"

说真的，第一眼还觉得这个名字取得多好的，中规中矩，落落大方，又不失清新、文艺。但是中文旁边跟的这一行英文小字就显得有点儿调皮了：Amazing。来，不信你再跟到读一遍："峨眉印，Amazing……"是不是很妙？

有一款名字叫"椰点心意"的饮料在四川人的朋友圈里也很火。只要一读出声，大家就都心领神会地笑了。虽然不知道这个饮料到底出自哪里，但我们都默认：椰点心意的老板儿憋憋是大邑的！

毕竟要让他们说出来，这分明就是：大椰（邑）人的椰（一）点心意啊！

太古里旁边的小吃街里还有家卖钵钵鸡的店，叫：钵问。Mika 说，她每次走这儿过，就会说一句："钵问？那就不（bō）要问。"

吃钵钵鸡，最重要的是资格，但凡是个乐山人开的，成都人基本上都是要买账的。咋个鉴别喃？这家店给了一个简单粗暴的方法，看店名。跑到店里问老板："你们是不是资格的乐山钵钵鸡？""钵问。"

口音说明了一切。

从成都往南走，基本上经过的几个地方都会把"不"念成"钵"的读音，所以光是这个名字就能看出这家店很稳当。

成都老板儿取的那些有趣名字，摆个三天三夜都说不完。看似随意，可这就是撇脱的成都生活里的样子，起名字好大点事嘛？关键还是得靠味道让人心服口服才得行。🔶

● 成都苍蝇馆子巨头素描

CHENGDU CANGYING GUANZI JUTOU SUMIAO

/ 彭何

成都的苍蝇馆子就是一个江湖，上一顿的盘子刚收走，油腻的抹布迅速滑过同样油腻的桌面，而地上，满是纸屑。开豪车的、骑自行车的、挤公交车的，人们混杂在一起大碗喝酒大口吃肉。

没有高手带路，休想找到。其实，苍蝇馆子的老板才是最终的高手。大隐隐于市？不，他们画风清奇，你一眼就认得出，时不时操你几句，可是人们下次还是要继续带朋友来吃。

大家都习惯了。

嘴巴毒、过场多，不操顾客不能活
张师鳝鱼面

在老小区门卫室卖鳝鱼面起家的张师，五六十岁，典型造型是腰间拴着一根LV的皮带，最喜欢戴阿迪、耐克的棒球帽，鞋子是同品牌运动鞋。

像春熙路买来的三折四折货？不，人家是真有钱，老小区中卖私房面条，土黄鳝、松茸的浇头，每碗高达几十块钱，甚至直逼百元，好吃，不缺生意。

江湖中有传言，张师抽烟只抽大熊猫。说话不见得清晰，但张师声音雄浑，那张嘴巴随时都想操你几句。

等了几十分钟，面条还没端上来，只有忍到。以前电视台去采访，问张师，生意这么好，怎么不考虑请个人，结果他直接一句："要吃就吃，等不到就不要吃了。"你怪他面卖得贵，他反过来说："不怕你做不好，就怕你做不到。"边做还要边跟你说，我这个面，咋个咋个跟别人不一样。

顾客吃慢了，他要抱怨；生意太好，一到饭点来一堆人，他也抱怨。面端上来了，不吃完他心里就不安逸。有个小女孩剩了一颗蒜，他要骂；别人把他的鳝鱼说成鳝鱼丝，他更要骂。

牙尖的成都男人，张师绝对算一个。

至于面味道到底好不好？只要你稍微表现出不满意，夸了别家好吃，被他听到了，少不了是劈头盖脸一顿骂。就是这么强势，就是这么自信。不过现在的张师已经收敛很多了，面店一步步做大了。

最早只是在门卫室卖面，后来开到小区里面的一楼，老店前段时间出了点状况，又搬到了河边上开起，坚韧不拔，像打不死的小强。涨了好几次价，还是有人要吃，就好张师那一口。

设备要齐全，造型要拉风
绝城芋儿鸡

脖子上一根粗金链子，一只手拿着喇叭，一只手拿着对讲机，背着一只 LV 的斜挎包，这是好几年前绝城芋儿鸡男老板的造型。

老板在店门口的人群中穿梭，打算吃饭的人迅速把他围拢，他藏着用餐的"钥匙"。

交 100 块押金，老板掏出一张水晶扑克牌给你，等你点好菜，才算是真正排好队。老板就那么往街上一站，天热光着头穿条短裤，喊起话来，很有李伯清散打的范儿，也像极了地方电视台的报幕员。

极其淡定，听到对讲机传来有客人用完餐要走了，他举起喇叭对着外面排队的人大喊："红桃 A 两位。"很好耍，很会搞事情。新的客人笑嘻嘻往里面走，里面的服务员麻利做着准备。

老板的撬话也在喇叭的扩音下，弥散在整个龙王庙正街。环视一周，有食客随口一说，排队的人那么多，老板要撬他一句："这都算多啊，你早点来才知道什么叫排队，最后 3 个号，发完就收拾咯。"

叫到号却没反应，老板又一遍一遍继续喊："梅花 9 你在哪里，梅花 9 你在哪里？"

这些都是好几年前的场面，前两天我又去看了下，老板已经在街边上有了固定座位，金项链没戴出来，喊话的对讲机也没有了，排队的人没有最开始那几年汹涌了。

精明能干，轻描淡写操员工
牙尖十八怪

在新华公园背后的牙尖十八怪，年轻高挑的女老板看到员工有什么纰漏，会立马不顾情面地操那些老阿姨几句。

我们点的枣粑、稀饭迟迟没有上来，向老板催了一下，她直接把点菜的服务员孃孃喊过来："咋回事喃，你刚才咋个记起的，是不是要等到我去帮你端过来嘛。"语速平缓，但杀伤力极大，言语间是成都女人那种特有的牙尖。那服务员孃孃不敢说一句话，只得怯怯地走到屋子里去端稀饭。

牙尖十八怪的两个女老板的确也还是精明强干，身材瘦高，穿一身运动风格的衣服，裤子紧绷，鞋子也是运动鞋，来回在路两边的铺面穿梭自如。平时都是在外面招呼客人，得空就说几句闲话，但眼神丝毫没放松警惕。

有客人来时，麻溜地问对方有几个人，然后推荐座位，点菜时也不忘推荐特色菜品，算得上亲切细致。待你点好了菜，两个美女老板又抱起手站在街边闲聊。

有次我没反应过来，称完签签600多克，服务员直接报了600。我还以为是价格，嘀咕了两句被老板听到了。结果她还来宽慰我："假如600多元，你肯定要去举报我们，下次来都不得来了，是不是嘛。"

嗯，说得对。

珠光宝气，非常喜欢蜜蜡
卢妈冷锅串串

卢妈的老板总是喜欢坐在几间店面中间的那个小角落里。冬天，卢妈就穿一件深色的大衣，戴大块大块的蜜蜡，珠光宝气地坐在椅子上。最夸张的还是卢妈家的老大爷，脖子上一大串蜜蜡，手上也是蜜蜡的手链，多远都很醒目。

你问他这个有点贵哦，他却反过来喊你猜好多钱，兜兜转转，就是不告诉你价格，微微一笑，有一种你就是买不起的"蜜汁"优越感。

据熟客@白菜说，老爷子除了是蜜蜡爱好者还是粗金链爱好者，爱跟你抱怨房租贵，常年怼对面那家串串。有次等打包，白菜在耍手机，老爷子语重心长地说："妹儿不要天天耍手机，前几天二号桥一个跟你差不多的妹儿才被抢了手机。"@白菜回："好巧啊，那个妹儿就是我。"两人就摆起龙门阵，聊得开心，结果结账的时候半点折都没有打。

电脑屏幕开着，卢妈的手里却永远喜欢抱着一只手机打游戏，手指点个不停。有时候是她的女儿在守铺子，同样坐着耍手机或是津津有味地看着连续剧。

卢妈的女儿喜欢操员工，"我要给你说好多遍，客人点了什么，你要一个一个记起，记起！"卢妈要亲切很多，冬季出了热锅串串，吃完她还要问你："味道咋样嘛，觉得不辣啊？那下次你一定要搭配我们秘制的蘸碟哦，那样才最好。"

有时候，还有个男老板，要骂人，但也好耍，和你冲壳子："妹妹，我们屋头是不是天底下最好吃的串串？"

串串好不好吃的问题，这个你去问对门子的康二姐啊。

傲娇，戏多，还有点非主流
康二姐串串

康二姐家其实是三姊妹在守店，一般人不太分得清楚谁是康二姐谁是康三姐。

三姊妹的衣服貌似是混着穿的，要多酷有多酷，头发染成五颜六色，嘴巴里经常叼一支烟，中午吃饭，通常是在隔壁喊一碗面。

三姊妹才不喜欢规规矩矩在铺子上坐着，从铺子这边走到铺子那边，相当傲娇，与生俱来的气质，就算不在店上，也相当戏多。

朋友去做头发，康二姐的老板也在旁边做。朋友和理发师沟通了半天，都没有找到合适的选择，结果这时候康二姐老板阴阳怪气地说了一句："前头不对，后头不对，这个样子剪也不对，你要啷个样子剪嘛。"

理发师都没开腔，你长得乖，你的头发剪得好染得艳，对了嘛。脾气真是和她们家的串串一样麻，虽然一时不爽，但还是麻得有点让人舒服。

真不知道为什么这些巨头生意还这么好，可能大家都还是喜欢惯侍这些老板儿吧。你味道好，我闷到脑壳吃，不开腔。🔶

● 成都人厨房里的玄学

/ 彭何

关于厨房，一直流传着很多道理和规矩，比如，顶级松茸，一定要在几点几点采摘，再在几个小时内送到餐桌，方不破坏鲜美；搅拌肉末，一定要沿着顺时针的方向搅拌，口感更好。

都是搅拌，何为顺，何为逆，不都是人约定俗成的吗？想不通啊想不通，奥义太深，我参悟不透。

有人说是"装神弄鬼"，倒不如换一个词——玄学，道家的精髓，玄乎其玄，围绕"本末有无"争论，"幽摊万类，不见形者也"。每个好像都很有道理，缥缥缈缈，云里雾里，琢磨不清。

我们成都人的饮食，博大精深，其中自然而然也藏着一堆玄学。

成都饮食的玄学之盐少许

占着一个自贡井盐，四川人的盐就够吃好多辈子，出了名的重口味。但所有教你做回锅肉的师傅，在菜起锅的时候，都要加一句"盐少许"。说完勺子就伸到调料的盆儿里，抖一抖、掂一掂，看是那么多量，约莫是够了，再抖到菜里搅拌。

"少许"，万金油的两个字，对任何调料都适用。这就足够让人琢磨了，少许到底是多少，我的少和你的少又有什么区别？你说的少许，我吃了怎么还是咸了。

抽象到头疼，大概约等于适量，可什么又是适量，6 克还是 7克？5 克盐加在鸡豆花和一碗相同分量的火锅里，肯定也不一样。放多放少，每个人心头，其实都有杆秤。

成都饮食的玄学之按照一定比例

我的一个朋友，之前在自己家开的店里学着给素椒杂酱面打调料。他说，就那么几样调料，每样放多少量也都告诉你，但就是那么怪，刚学的人打出来的调料，就是没有打了十多二十年的老师傅打的调料好吃。至于其中的道理，朋友也讲不清楚。这，大概就是"按照一定比例调制"最大的魅惑所在。

做蒿蒿馍馍的时节，打粉子，是放 7 成的糯米 3 成的粳米，还是怎么着？比例不同，揉搓之后的形状、口感便不同。

吃火锅，好奇牛油、清油到底各放多少，还有其中的香料，每样是放多少，多放一块八角，是不是就破坏了比例？

没有精确的数字，经验极其重要。这倒也符合传统文化中长者为师的道理，毕竟"我吃的盐比你吃的饭都还多"。

只要好吃，其实怎么着都是好的，各个比例都有自己的妙处和爱好者。"歪果仁"是学不来这种无形有形的随意了。

成都饮食的玄学之祖传秘制

如果说"按照一定比例调制"还算委婉地藏着掖着，那祖传秘制酱料才是玄得让人哭笑不得。自卖自夸的店家往往还是说，之所以这么美味，就是因为加了自制的秘制调料。似乎哪家招牌上不写这两个字，就根本卖不脱。

似乎，秘制就等于好。未必哦，就拿《舌尖上的中国3》中的煎饼果子来说，自家老人流传下来的秘方酱料——

"红姐的用料，是爷爷传下来的配方。爷爷告诉她，香料可以调和绿豆的寒性，这样既能遮住绿豆的腥味，又能提取出绿豆的豆香。"

众多吃过者坦言，其实真的并没有说的那么好吃。

卖卤肉的要写是秘制卤料；自贡蘸水菜的蘸碟美味，也是秘制；就连电子科大后门卖烤鸡腿的，依旧用红底黄字大言不惭地写上"秘制"二字。

一个又一个老套的故事，从我爷爷的爷爷那流传下来的方子……什么称得上秘制？在配方里面多放两颗冰糖，是不是也可以叫秘制了？莫名其妙。但是很多吃货就是信这个邪。

成都饮食的玄学之吃八方栏目推荐

从前还没有那么多美食公众号的时候，我还是经常守到四川电视台看《吃八方》节目，不管是兰妹儿还是小妖精，每次看她们口水滴答的样子，我也跟到口水滴答，吃不到心里猫抓一般。

很多人和我一样，买这个节目的账。商家以被这个节目推荐为荣，播出后马上在店门口拉横幅以示庆祝。于是，渐渐地，各种馆子的店招都喜欢打"四川电视台吃八方栏目推荐美食"的口号。

就我的观察而言，崇州羊马查渣面是重灾区，甚至就在刚出高速路的口口上，几家挨着的查渣面都说自己是吃八方栏目推荐的，兰妹儿再好（四声）吃，也不可能在同一个地方挨家吃，对不对？

通常而言，这些馆子都比较简陋，彩钢瓦搭的篷篷；新开的苍蝇馆子，又以藏在郊县某个旮旮角角头最为普遍。吃货们七弯八绕终于找到后，又发现它们的味道通常都无功无过。所以，到底哪几家才是《吃八方》真的推荐过的，分不清楚咯。

成都饮食的玄学之老卤、老油和老坛水

卤菜要老卤的才香，火锅，有人不喜欢老油，可有人还是要找来偷偷吃。

店有好久，卤水就有好久，每天填料，每天加水，每天沸腾，各种食材的精华沉淀，蛋白质、芳香烃充分交融，越卤越香。这是老店生存的法宝，也是某些地方嫁娶儿女的传家宝。

其中有几成科学的成分，新鲜的到底哪里不如，不知道，老成都吃货反正只经验性地认口感。老油好吃，但对健康的危害大，选哪个？这些个迷思，大概是一辈子都得不到答案咯。

喜欢"老"，甚至于泡菜也觉得必须要舀一瓢邻居家的陈年老坛水，才能泡出清花亮色的萝卜、儿菜，和老面发酵的道理一样一样。

不过，泡菜加老坛水才好吃的玄学，已经被论文实验证明是对的。

泡菜最重要的就是发酵，需要大量的乳酸菌，不止一篇论文的对比实验发现，发酵的前期和后期，用了老坛水的泡菜，乳酸菌明显比只有新泡菜水的泡菜多，乳酸菌的种类也更加丰富和稳定。

而加了老坛水的泡菜，大肠杆菌之类杂菌的数量明显偏少，更有助于发酵出高品质的泡菜。

大概只有像泡菜这样，经过实验室的科学证明，才能破除玄学的迷雾，符合现代性。可要是都变成了这样，一针一眼地来，倒还真少了很多变化的乐趣。当所有的饮食变成药丸、标准化生产的汉堡三明治，天天吃，也怕是要疯的。

科学和玄学所属的哲学，本就是两种不同的风味。体会其中文化的精妙，一方水土养一方人，或好或坏，只能说用四个字形容——博大精深。

● **"听说你们成都人有种'毒'，服下会有种
不可描述的肉麻"**

"TINGSHUO NIMEN CHENGDUREN YOUZHONG DU，FUXIA
HUI YOUZHONG BUKE MIAOSHU DE ROUMA"

/ 胡琴

上周请一个浙江来的朋友吃火锅，牛油红锅一端上来，她眼睛都瞪大了，说了句："你们成都的花椒是不要钱吗？！"

说起她就准备把锅里的花椒都捞出来，在我的一再劝阻下她才放弃了这个动作，鼓起勇气准备尝试一下，结果才吃了一口，整个眉毛都要飞起来了："Amazing 啊！"随后，又很不巧地吃到了一坨卷着花椒的黄喉，遭麻惨了！

BBC 几年前拍过一个纪录片，讲的是两个华裔来成都寻找美食。他们抵达成都后去的第一个地方就是香料市场，发现市场上除了干海椒之外，最多的就是花椒。两位在介绍花椒时是这么形容的："它制造了一种强烈的、令人难以置信还有爆炸般的酥麻味道。"

成都人表示，这个描述太浮夸了。这样说来，我们岂不是天天都在酥麻，日日都在爆炸？

没完，这两人决定空口尝一颗花椒，咀嚼并回味之后，一个摇着头说："wow！"一个眼睛发亮说："oh my god！"好的好的，世界都欠你们一个奥斯卡。

在我们成都人看来，吃点花椒完全就是稀松平常啊，孃孃们在菜市场买花椒，每个人都要捏两颗放在嘴里嚼，这是最日常不过的行为。

外地人和成都人对麻真的是两个态度：

外地人说"麻"

@小帽子姑娘

上次去成都，去吃了川菜，环境不错，菜品太麻，果然我只是东部地区能吃辣的人，四川菜还是 hold 不住。

@ Rainday

成都脑花超好吃！端上来的时候，以为自己点的是辣椒炒花椒……

@吹雪北风

柿种花生（一种食物）花椒的量还是蛮多的，当然成都人民可以忽略。

@给姐一把刀

不知道为啥，我个人的口味一直都特别有湖南乡土气息。越辣越好，如果有麻就更好了（可能上辈子是四川人吧），回家做凉拌菜，作死地放辣椒和花椒油，打这段字的时候，我已经在流口水了。

成都人说"麻"

@Sialovejojo

我爸今儿中午做的麻辣粉，简直就是四川串串的味，巨麻巨香，我俩这会儿吃得狂流汗，爽。

@ 街角小食店

花椒真是川菜的灵魂。

@ 小夏都

家里花椒没有了，水煮鱼完全没法做啊……

在成都人看来，花椒就是日常调料而已，每家人厨房里有盐巴、味精，只是我们的厨房里会多一样调料，那就是花椒。炒土豆丝、炒空心菜、炸酥肉、炖藕汤，都是习惯地要丢几颗花椒进去。

现在很多酒为了调出麻的味道，也要放花椒；现在成都的街面上，花椒味的冰淇淋竟然也不止一家。

对四川人这个独特的口味，最科学的解释说，是成都的地理气候因素造成的。盆地的气候潮湿，花椒可以温中散寒，除湿止痛。

有个典故是讲汉成帝娶了赵飞燕，飞燕一心想为成帝生一太子，但久无身孕。御医诊断为风寒入里，宫冷不孕，就让后宫用花椒涂满了墙壁，取室温气正——"椒房"一词也就是这样来的。

但其实我在成都生活了几十年，对这里的气候潮湿并不敏感，反而是味觉从小就养成了典型的成都味道，不吃点麻味的东西总觉得不舒服。

除了调味，花椒还有一些功效是我没有想到的：

如果你是因为冷热食物引起牙痛，用一粒花椒放在痛的牙上，痛感就会慢慢消失，这似乎就是用麻感来代替痛感，不知道是不是和麻药一个原理。

说到花椒，大多数人第一反应都是红壳壳的那种，即红花椒。但花椒还有一类，叫青花椒，青花椒中有一个品种我们很熟，就是藤椒。

有什么不一样，一句话说就是：花椒是麻，而藤椒是香。藤椒入料做出来的东西卖相相对逊色，因为它不像红花椒、干海椒，锅里铺一层显得十分油爆爆，绿色的藤椒看起来清新寡淡，像是白味。

但别看藤椒外表清纯，它内心其实相当狂热——清香中带着麻，味道强劲的藤椒，吃完后舌头都会失去知觉。只要接受了这样清香酥麻的设定后，你就一定会爱上它。爱藤椒的人恨不得每一样东西都是藤椒味，而成都也确实有很多藤椒味的美食。

藤椒钵钵鸡

但凡专业钵钵鸡店，都会摆两盆钵钵鸡在桌上，一盆红油，一盆藤椒，想吃什么就拿什么。但恕我直言，大多红油钵钵鸡都没什么惊喜，特别是凉了之后，反而会有油腻之感；藤椒就不一样了，清新脱俗，这味道似乎天生就适合凉菜，同理，也适合这放凉后的钵钵鸡。

藤椒抄手

老麻抄手到处都是，还分了微麻、中麻和老麻，但是我强推大家试一试藤椒味的抄手，特别在你觉得没什么胃口的时候来一碗，整个人都舒畅了。不过友情提示，炎热的夏天就不要轻易尝试了，力道太猛，会吃得整个人就像着火了一样。

藤椒方便面

有一次，同事发现了某著名方便面品牌竟然推出了藤椒口味，欣喜若狂。面条刚刚泡开时，轻飘飘的白汤上浮着一些偏绿色的油，看起十分莫盐莫味，内心有一点失望，但吃了一口……嗯！果然还是那个味儿。

于是我们不遗余力地把这个口味的方便面推荐给了周围的成都人。爱藤椒的成都人听完"安利"果然都把持不住，纷纷立马冲下楼去买！还有朋友说她在成都吃了一次之后，始终忘不了这个味道，一直在让成都的朋友帮她代购。

总之，对于成都人来说，这种难以言说的酥麻感也许真的就是一种毒，一旦上瘾了，就再也戒不掉喽。

● 一家火锅店没有故事，就像油碟里没放香菜和蒜

YIJIA HUOGUODIAN MEIYOU GUSHI,
JIUXIANG YOUDIE LI MEIFANG XIANGCAI HE SUAN

/ 李佳蓓

两个上海女生来成都，到火锅店，拿了号一惊：前面排了一百多号，于是去逛了一趟街。街逛完了，还是没叫到她俩的号。急着赶飞机的她俩，干脆去火锅店大堂转了两圈。见一个小桌两个小伙子在吃，跑过去开门见山地问："我们把单给你买了，能不能把位置转给我们？"

两个成都小伙子说："那咋好意思？"于是干脆请两个上海女生一起吃了。

——这是真人真事！而这样的真人真事在三步一火锅、五步一串串的成都又岂止这一件，每天都会发生！

成都是火锅的江湖，江湖上除了腥风血雨的排队，还有很多刀光剑影的故事。他们在"五魁首六六六"的划拳声中酝酿，在咕噜咕噜的红油中翻滚，伴随着笑声、眼泪和唾沫。

这是只有在成都才有的故事：

麻辣牛肉和眼泪

桃子 19 岁，圆脸弯眉，两颗兔牙在稚嫩白皙的脸上显得格外俏皮。2016 年的春节，作为组长的她没有回自贡老家，而是在火锅店值班。

年初三，店里来了一位小伙子，点了菜开了火之后，店里的规矩是给客人边烫菜边讲菜品的由来。

小伙儿点了特色的麻辣牛肉，桃子像往日一样介绍这个菜："我们店的麻辣牛肉很特别，因为花椒、辣椒都是店里面自己舂的，跟外面机器打的辣椒粉不同，所以烫出来的牛肉更香、更入味，每一个四川人无论去哪儿，吃到家乡的辣椒、花椒就会想到家的味道。"

话音一落，一片香味十足的牛肉夹到了小伙儿碗中，他夹起来送到嘴里，一下捂住脸。桃子以为他被辣椒呛住了，赶紧倒了杯茶水，送到面前。小伙儿放下手，泪流满面，桃子很吃惊，辣哭了？

小伙子哽咽，刚桃子说到家的味道自己不免触景生情酸了鼻子。自己是山东人，一个人大过年到成都出差，一说家的味道，想到了家人一下就难受起来。桃子一下也绷不住了，哭了起来。

两个人也许生活中都不是爱哭的人，但就在大年的第三天与陌生人一起流下了 2016 的第一行泪。

雨龙火锅里的耳光声

那是 2010 年的一个冬天，白檀当时上夜班，下班了，几个关系好的同事约好一起吃宵夜。所谓宵夜，简直没得选，直接杀往同事们的深夜食堂——玉双路的雨龙火锅。

吃啊吃啊吃啊，正对着门口的白檀突然看见一个不到 40 岁的女人脸色铁青，快步走向自己身后。

突然，白檀听见响亮的一声，是肉体和肉体相撞的声音，就在背后！然后是女子愤怒得颤抖的低声怒吼："你不嫌脏啊？不嫌脏啊？不嫌脏啊？"一句夹一个"啪"。

白檀立即转头，发现是女子在掸一个男子的耳矢（耳光），骂一句，掸一耳矢，节奏感很强。电光火石之间，白檀迅速浏览了现场，并初步剖析出剧情：捉奸。

背后那一桌，两男两女，男子是典型的成都中年男子，对着坐，另外两个对着坐的年轻女人，化着浓妆，长得不错，应该是"上夜班的"——和白檀的夜班，明显不一样。

这一幕惊呆了整个雨龙火锅里的人，几百个平方米啊，只有"你不嫌脏啊"和"啪"两个声音交替出现。感觉掸了一辈子耳矢那么久，女子终于累了，转向男子对面的年轻女人，开始掸。

这下声音一下子炸开了，两个女子一起尖叫哭泣，男子的朋友也快速反应过来，开始劝架："×妹，误会了误会了，我们打了麻将出来吃个火锅。"——这话后半段不假。

在成都，要带一个漂亮妹儿操，"吃火锅"一定是标配。最夸张的是满场服务员也像是突然醒过来了，纷纷过来拉架。

中年女子又转向自己的男人，开始掸："找也不看下样子！"那男人的朋友赶紧喊两个"夜班女子"撤退了。一直靠听力在辨析剧情的白檀趁着混乱，赶紧又转头光速浏览了现场。

那个被打的男人，已经鼻青脸肿，眼镜儿垮在鼻头下面，表情很淡定，也不躲，手还一直握着筷子，筷子还一直坚持在锅里捞啊捞，一直捞啊，什么都没捞上来。

十年过去了。白檀又吃了无数顿火锅。那天吃火锅发生的事，还那么清晰。

四川妹儿的犟

有一天，店里来了几位台湾客人，落座后，点了几样招牌菜，巴掌毛肚是其中之一。上菜之后，服务员唐唐正要边讲解边涮烫毛肚，客人一把抢过来倒到了锅中。

唐唐说，不能这样烫，这样是煮不是烫，毛肚很快就老了。几位客人全身自带傲娇用鄙夷的眼神说：你懂什么？我们都这样吃的，关你什么事。

唐唐争执了两句，被几个客人的气焰给压了下去。10分钟之后，客人大吼，你这什么菜，有问题，根本咬不动。

唐唐回应，巴掌毛肚只能烫 8~10 秒，说了我来为你们涮烫，不能直接煮。客人更气了，叫嚣道，我们都是这样煮着吃的，绝对是你菜有问题！

几个台湾人的傲气与一个四川妹子的火气在瞬间被点燃。妹子一怒说，我自己掏 79 元，给你们买一份新的，我来给你们烫，如果咬不动你们也不亏。

台湾客人答应得也爽快。新的毛肚一上，唐唐涮烫后夹到每个人碗里。结果，当然是台湾客人啪啪打脸。

不过从此以后，这几个客人成了常客，后来还经常带朋友到店来吃火锅。🔶

方块七你在哪
下一桌
方块七

● 成都乖老板儿语录

CHENGDU GUAILAOBANER YULU

/ 李佳蓓

有一天和朋友去吃饭，路过卖包子的小店，突然听到老板大声地吆喝，中气之足，带有浓厚的胸腔共鸣，把半条街的人都震慑到慢下了脚步。

他喊道："××路最好吃的手搓冰粉，有小气泡泡儿的手搓冰粉！"路上的人都笑起来，回头一看喊话的老板是个五大三粗的壮汉，整个人油光发亮，再想起"小气泡泡儿"又忍不住笑了一路。

吃完饭回来我讲给大家听，各个按捺不住地说起了自己遇到过的"语言大师"。

朋友阿塔，吃过一家蹄花儿店，虽然店早就关张了，位置也在记忆里浑沌不清了，但是胖胖的男老板说的一句话她记忆犹新。那老板很可爱，如果有人点了蹄花，老板就会给跑堂的喊："给这位朋友选个优秀的前蹄。"

阿塔还记得以前川大文化路上有一个热情洋溢的胖老板，每次看见大家吃完了站起来，就要欢快地大吼："来，给这位好朋友——数——签——签！"

在西北中学上过学的人都吃过铁门串串，认识绰号为"董事长"的女老板。"董事长"约 50 岁，脾气火辣，对于好奇路过、问上一嘴的外地人，"董事长"话都懒得给你说，5 毛一串的菜给你说 1 块，1 块的给你说 2 块，爱吃不吃。

铁门串串只有一张桌子，常常要与陌生人拼桌，看到你吃得慢，还悠闲聊天，"董事长"就会开吼：搞快吃嘛，紧到摆啥子嘛！

吃宁记脆馅面要做好心理准备，一去就能看到牌子上写着"不能加调料！"见你拿起手机，老板就开始吼："不要拍，不要拍，不要宣传，我们这儿忙都忙不过来！"（其实也就四五个人）"不要耍手机嘛，赶快吃赶快吃，一会儿面冷了。"你是班主任吗？那么忙还在监督我耍手机没有。

川师的左撇子私房面，老板的俏皮都用红底黄字刺眼的语录写在了墙上："亲！不会拌面者请到别处吃面！谢谢！不喜欢吃干拌面的吃货朋友，请别来本店吃面！"

第一代网红苍蝇馆子绝城芋儿鸡，虽然已经没落了，但是老板的话还言犹在耳，甚至每次打牌都会想起。

芋儿鸡的老板脖子上拴着一根粗金链子，一只手拿着喇叭，一只手拿着对讲机，叫到号如果没反应，老板就会一遍一遍喊："梅花 9 你在哪里，梅花 9 你在哪里？黑桃 K 你在哪里，黑桃 K 你在哪里？"

一位朋友璐璐有一天去金丝街买"邱二哥"，她说："老板，60个红糖！"

马上被邱二哥搡回来："30个以上早点预约嘛，最多只有27个，要等20分钟，只收现金！到隔壁面铺去扫码喊她给你现金再给我！"

璐璐觉得这就是地道的成都，街名和老板的语言都很可爱。

朋友柳婷去吃怪大爷甜不辣，也好耍。遇到停气，怪大爷正在数钱，他说："中央电视台来请我都不想去，要累死我哦。"周围食客纷纷赶紧劝阻："嘿，中央台来请还是要去哦！"

还有好几位朋友都分享过他们又气又好笑的故事：

某次去张记鳝鱼面遇到那个瘦筋筋的老板，点了个最贵的松茸面，左等右等都端不上来，忍不住问了老板，老板奄了我一眼："我问哈厨房想不想煮！"——注意！"想不想！"

温江二中旁边的巷子里面有家很好吃的蛋烘糕，啥子凉拌鸡丝、烧椒牛肉味的都有。老板嘴噪得莫法，上次去给他说要一个砂糖和一个土豆丝的蛋烘糕，老板一脸震惊和鄙视不屑地说："我这不卖那种低端货哈！"

十二桥的包子出名，但是老板儿向来莫得啥子好脾气："一天来采访些啥子名堂嘛，老子包子都做不赢。"

看到这些故事，想起《寻味顺德》里牛展煲仔饭的老板，看到不会吃煲仔饭的人，他会不厌其烦地来教，食客对他是又怵又爱，眼神说明一切，吃之前要问："我可以吃了么？"牛展的眼神很有杀伤力，每个等他拌饭的人都心怀敬意和畏惧，还有一种仰慕，可以说是爱了。

其实，无论是卖面的，还是卖蹄花儿的，三两句话幽默、刻薄、俏皮，无意中就成了别人眼里的语言大师，给食客带来无数的乐趣。🔶

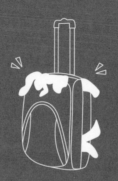

● 凌晨两点，我在回国的机场碰到了成都孃孃

LINGCHEN LIANGDIAN, WO ZAI HUIGUO DE JICHANG
PENGDAO LE CHENGDU NIANGNIANG

/ 胡琴　李佳蓓　贾茹　彭何

凌晨 2 点，莫斯科谢列梅捷沃国际机场候机大厅，我和一群成都孃孃相遇了。已经离祖国好几千公里了，头顶上广播也在说着舌头打结的俄语，但是成都孃孃们的出现，让我一秒觉得自己在天涯石菜市场买萝卜干。

好几次朋友们连着休年假，回来摆龙门阵都聊到一个话题，在世界各地的机场，都能碰到我们成都的孃孃。她们，真的让人过目不忘。

印象到底有多深刻?

这样给你说吧，一个月之后，我问朋友还记不记得这件事，朋友发来肯定的回答，并且反问我一句："怎么? 你是在成都又碰到她们了吗? "可见我们在国外被成都孃孃们支配的恐惧有多深。

我总结了一下，在国外碰上的成都孃孃都有以下 3 个特点:

热情健谈: 年轻人多多少少都有点社交恐惧症，而我们成都孃孃却是社交小达人。幸运的话，你可能会了解到一个孃孃的女儿如何考入川大，又如何进入了世界五百强企业工作，她的孙子昨晚刚和她视频完，还特意叮嘱了奶奶出门要注意安全。

深藏不露：表面上看这是来自三圣乡的一位普通嬢嬢，实际上人家早就去过美利坚，游玩过法兰西，相册里面的旅行照比你的自拍还要多。

购买力惊人：你在免税店小心翼翼拿着汇率计算器看这样东西是否划算的时候，嬢嬢们早就把各种大瓶装收入囊中，并且开始攀比各自的小样了。电饭煲算什么？嬢嬢开心了随随便便就把东芝的音响背一个回家。

与成都嬢嬢的故事1

地点：泰国素万那普机场

我在曼谷素万那普机场转机回成都，机场免税店不算大，但成都嬢嬢的四川话全程高分贝响彻大厅，让在泰国待了一个星期的我，倍感亲切。

成都嬢嬢的购买力着实让我惊讶，泰国免税店有啥子好买的嘛，只听一个嬢嬢多大声地问这头的老姐妹："你买了几万了？还差好多？"

我：几万？我确定我没有听错，是人民币不是泰铢。

这边的嬢嬢回答："五万了，还差两万！"然后两个嬢嬢又开始埋头苦"拿"：烟、口红、身体乳、护手霜、香水……像是不要钱。

后来才知道，当时免税店有活动，买满多少万人民币，送积分还是送啥，反正有欺头。

回来的摆渡车也是盛况空前，平时少说也能塞下二三十个人的摆渡车，那天一共只塞了 15 个人，有一半都是免税店疯狂扫货的嬢嬢，剩下的空间根本莫法下脚，全是她们扫的货，你五万，我八万……啧啧啧，回家堆成山。

与成都孃孃的故事 2

地点：东京成田机场

从日本飞成都，离起飞时间还早，我就和朋友在机场免税店逛了一圈，一走进去就仿佛到了屈臣氏，周围全是中国人，然后我还很清晰地听出了几个说成都话的孃孃。

有个姆姆逛起逛起突然对自己的姐妹说："哎呀，糟了糟了，都 5 点了！我们飞机马上要飞了的嘛，逛得时间都搞忘了。"还好她的姐妹清醒，说："啥子 5 点哦，有一个小时的时差，这会儿才 4 点。"放心了，于是又继续逛了起来。

听到她们说 5 点起飞，我心里想："遭了，多半和我是同一班飞机。"果然，在登机口等待的时候，又遇到了她们，其中一个孃孃正在整理自己的战利品。

小卷卷头发的孃孃问她的伙伴："你买的这个是啥子喃？"答："散粉儿。"

我噗一下笑出来了，这个成都独特的"粉儿"尾音太亲切了，而且她念出来，纪梵希的散粉瞬间感觉和肥肠粉儿是一种东西。

她继续整理，这次拿出来四条打底裤，她一条一条过目欣赏，旁边的黑长直发孃孃用食指点击手机屏幕，瞟了她一眼，问："你买这么多爪子？"

"我自己穿两条，还要给我儿子的女朋友送两条的嘛，拿哪条给她合适喃？"

"肯定要给厚的那条三，不要把你儿媳妇儿冷到了。"

我和朋友实在受不了这么熟悉又牙尖的对话了，赶紧换了一排座位，去另外一边找了个安静的地方待着。

和成都孃孃的故事 3

地点：俄罗斯圣彼得堡国际机场

说起成都孃孃，我只能说每年都会给我惊喜。先说 5 年前去越南的时候，落地后过安检，当两个孃孃得知我们住同一家酒店的时候迅速拿出了她们的香肠、腊肉和糖醋排骨，极其热情地与我们分享。然后询问我们的行程，并表示英语不太好，想和我们一起结伴同行，我们犹豫之后答应了。没想到孃孃直接说："那我们明天早上 7 点钟来喊你们哈！"

今年去俄国遇到的两个成都孃孃也很耿直，当我从免税店出来之后，孃孃说："买惨了哇，你买了好多哦？"

我微笑……

我和朋友继续开心地分享彼此满额送的化妆包。打开包，发现里面东西很多，眼霜、洗面奶，还有口红，大概有 5 个小样。孃孃把脑壳伸过来说："你那个口红打开我看看呢。"

我也是傻，就真的打开了，孃孃说："嗬，你那个颜色好丑哦！"我竟无力反击。

和成都孃孃的故事 4

地点：泰国廊曼机场

如果不是因为抢了亚航只能带七公斤行李、凌晨两点过起飞的廉价机票，我也不会看到有那么多中老年团要在这个时间出发。丝毫看不出他们的睡意，盯着要取票了，瞬间挪动而上。

大妈们有的是打发时间的闲龙门阵。看我整理箱子，也要相互间窃窃私语，以为我没听到。

"我们那个箱子就不像他那种，没有隔开的噶。""旅行社免费发的，你还想啥子，用一次，烂了，就丢了。"

在本地定了出海浮潜的项目，同船十余人，刚好还有三个金堂的，年轻女人带着儿子和公婆，得知我们也是成都的，简直滔滔不绝。

"我儿媳妇儿又不会说英语，还说看路上遇得到成都的不……这里的人喜欢我那个孙儿得很，去悬崖餐厅别人给他东西吃，坐游艇那个司机还多带他杠（阿姨的口音，通"逛"）了一圈……"

回来的航班上，当然也是一帮中国人。一说家乡话就感觉放松和亲切，突然听到大妈一句："泰国的 ××× 真的好便宜，我全部买的是精华。"只买了一瓶护肤霜的我内心嘀咕，果然还是你们要"精"些喃。

除此之外，在外旅游的成都孃孃们还有很多精彩的故事细节：

@ 斯干蕊

之前去美国科罗拉多大峡谷耍，正陶醉在大自然的壮美中时，突然听到一句："嗨呀！快来这儿拍照，这儿人少！"然后一群成都孃孃就跑过来挥纱巾了。当时已经在美国待了三个月的我有种瞬间回到青城山的感觉。

@ 雪妮

在苏梅海边和闺蜜在纱纱帐篷里共进晚餐，成都孃孃过来，自问自答说："看她们吃的啥子嘛？噢，有虾和鱿鱼，可以得嘛！（回头喊一伙的）你们来看哈要不要吃这个？"完全忽略已经石化的我。

@littlesine

在越南芽庄吃特色烤龙虾，对直走过来两个孃孃："喂，妹儿，你们这个哪买的嘛？好不好吃嘛？"我和朋友相视一笑：她咋晓得我们是成都的嘛？！一来就母语交流，成都孃孃自带交流技能。

@ 紫菱

布拉格瓦茨拉夫哈维尔国际机场，上机前在免税店就已经看到了成都孃孃些在买买买。看到川航空姐去买某本地化妆品品牌，孃孃些也要跟着去。结果，一半货架都被她们买空了，基本上人手十几支唇膏、护手霜，说拿回去送人。还有些人已经进候机室的都被叫出来买。

上机后，一位孃孃因为她买的东西贵而拒绝我把箱子放进行李架上。嗯，一件 Moncler 的羽绒服，一件 Prada 的大衣和一个香奈儿的包，让我这个小年轻自愧不如。

起飞后的两小时里，各位孃孃都还在激动，比拼谁买得多。🔴

● 成都人桌上要有豆瓣鱼、凉拌鸡、蒜薹炒肉，才叫年夜饭！

CHENGDUREN ZHUOSHANG YAOYOU DOUBANYU、LIANGBANJI、
SUANTAICHAOROU，CAIJIAO NIANYEFAN！

/ 彭何

年夜饭，听说北方人吃饺子。我们成都人的年夜饭真的不要太丰盛。在约定好的日子，全家团聚，从早晨忙到晚上。爷爷磨刀，爸爸杀鸡，舅舅宰鱼，妈妈和婶婶围坐在一起剥胡豆、摘豌豆颠儿，而奶奶在开着火掌着勺。

年夜饭端上桌，每家都大同小异。除了在卤菜店买了泡鸡脚脚，宰了半边卤鸭子，还有香肠、腊肉拼盘、凉拌土鸡、姜汁鸡、豆瓣鱼、折耳根拌胡豆、蒜薹炒肉等等。

凉拌鸡

一桌年夜饭，夹的第一块肯定就是鸡，吃完第一口就得称赞制作的家人手艺精湛。凉拌的鸡不宜久煮，见好就起锅，浇一碗冰水，鸡皮迅速锁紧，这样处理过的鸡肉口感更具有嚼劲，鸡皮也更加 Q 弹脆爽。清晨刚磨好的刀，锋利无比，宰好的鸡肉装在锑瓢中，便可以开拌。

新溅好的熟油海椒红彤彤，第一勺的美味便贡献给了凉拌鸡，油滚烫热烈，香辣味霸道。一份凉拌鸡的点睛之笔是刚炕好的花椒面。用小火将花椒炕出香味，然后再倒入祖传的石臼中捣成粉末，一小撮麻味就诱人不已。白糖、葱段、食醋，家常的调料放进去调和一下味道就足够惊艳。

姜汁鸡

姜汁鸡是道热菜，充分照顾了年夜饭上的老年人和小孩。鸡肉需要煮得粑嫩，宰成块备用。油锅中加入豆瓣酱、姜粒炒出香味，然后倒入鸡块，此时再加入一小碗鸡汤焖制。最后勾一碗芡汁，撒一把葱花就可以出锅。别忘了，炕好的花椒面也得撒上一点。

"好像有点麻喃。""哦，花椒放多了，下次注意。"顿时是一阵爽朗的笑声。越小的鸡块越入味，热乎香辣，勾过芡的鸡块，每一块也都又滑又嫩。

折耳根拌嫩胡豆

和年夜饭上大鱼大肉的荤菜相比，一盘折耳根拌嫩胡豆就相当地清新脱俗。折耳根 + 胡豆，仿佛只有成都人才懂得起这道菜。

每年临近过年，菜市场的折耳根都是论两来卖。妈妈辈爱得不得了，老早就在屋檐下摘折耳根、剥胡豆。我们家买折耳根喜欢茎叶的部分，深绿色的叶片，发紫的茎秆，短小粗壮的最佳，这才是最嫩最鲜的一口。

胡豆自然也是要挑选最嫩的，经不得大火猛煮，煮时加一点盐，熟了就赶快用簸箕沥起来。热气腾腾中就带着一股清新味道，等水分干掉之后就开拌。两粒蒜捣成泥，放入溅好的辣椒油和鸡精、花椒、香葱、白糖、生抽、醋，倒入折耳根与煮好的胡豆拌好就端上桌，这是最家常的拌法。吃上一口，唇齿舌尖都是春天的味道。

烂肉青豌豆

胡豆有了，豌豆也少不了。年夜饭，成都人要吃烂肉豌豆。连壳买回来的豌豆，家人围在一起剥开，每一粒都青翠饱满，白色的胚芽，看着格外新鲜。

小朋友剥着剥着就钻下了桌，把豌豆拿来当弹珠愉快地玩。这道菜，除了豌豆，肉也是关键，纯瘦肉用刀背敲打之后，加少许生姜剁成馅儿。

铁锅加热后倒少许油，然后放肉煸炒，不停地翻转让一整块肉馅儿分散开来。半熟之后便可放入豌豆，此时加半碗清水焖煮。起锅时勾一道芡出锅。没有过多的香辛料味道，肉易嚼食，豌豆清新甘甜，很嫩很面，就是这么自然清新的一道年饭菜。

蒜薹炒肉

要论成都人年夜饭上的炒菜，怎么可能少了蒜薹炒肉，过年蒜薹要卖十多块钱一斤，但绝对还是要咬牙称几根回去。年夜饭不图多，每样炒一点，丰富的一桌看着热闹。

为啥非要吃炒蒜薹，恐怕更多图个洋气、高档。刚好赶着年夜饭的时候，第一轮本地蒜薹上市，大多产自温江、彭州，够嫩够新鲜，等了一年，为了吃那么一两筷子。

家里长辈挑选蒜薹可有讲究了。第一要选没泡过水的干蒜薹，这种蒜薹香味才浓郁；第二就是买的时候掐一下蒜薹的根部，要选最嫩的。

蒜薹炒肉简单，半肥瘦的生肉切成薄片，稍微加盐和胡椒码料，蒜薹掐掉上面的头，洗净切段后备用。

郫县豆瓣在油锅中炒出香味之后便下肉片，肉色变白快熟之时才倒入蒜薹翻炒。切记不可久炒，生脆爽口的蒜薹才是人人都喜欢吃的。

韭黄炒肉

年夜饭上的炒菜，还得加一个韭黄炒肉。过年那几天，韭黄也算刚上市，价格不便宜。

韭黄属于百合科，是韭菜经过软化栽培后得到的，完全在黑暗中生长，合成不了叶绿素而长成现在这样子。和韭菜比起来，韭黄明显就高档很多，浓烈的气味也变得柔和，关键是还够嫩。

炒韭黄的肉需要切成丝，用芡粉抓过才能下锅炒，嫩的菜要配嫩的肉。不放豆瓣酱，最多放点切碎的泡红辣椒，加些盐和味精起锅就好。口味清淡，老年人喜欢。

烧腊拼盘

成都人几乎每家每户过年前都要做腊肉香肠。年夜饭一片香肠腊肉下肚，远方的游子才算是真正地回到了家，感受到家的味道。

自家灌的香肠，烟熏的腊肉，用清水煮好后切成片，平时可能随便拿碗就装了，年夜饭要多一个步骤，用盘子摆一个拼盘端出来。

香肠麻辣，腊肉黄焦焦的，烟熏味刚刚好。吃过一片，大家都要轮番赞扬制作香肠腊肉的家人手艺高超，听得大家心里都美滋滋的。有些人家还会在拼盘里放烟熏过的猪舌头、猪肝、咸鱼等五花八门的腊味。

豆瓣鱼

成都人平时最爱的麻辣香水鱼、酸菜鱼，都需要把鱼剁成块，只有豆瓣鱼可做整条，过年吃一整条鱼才有更好的寓意。

不管是鲢鱼，还是草鱼、鲤鱼，清理干净之后，鱼的表面用刀割出浅浅的条纹，放料酒、姜片、葱段稍微腌制，油锅烧热放鱼煎成两面金黄色就算完工一半。

豆瓣鱼好吃不好吃，关键在炒料。大量姜粒、蒜粒、豆瓣酱，在新烧好的油锅中快速翻炒，然后再开大火，加入白糖、酱油，倒入小半碗开水，烧开后将鱼放入锅中煮两分钟，淋上一层薄芡之后就完工。

喜欢辣，再撒上一勺干辣椒面。豆瓣鱼颜色红艳、入口鲜嫩，咸甜酸辣味都齐全了，每一口都是年年有余的喜悦。

咸烧白

年夜饭这种隆重的时刻成都人怎么可能少得了咸烧白。一句"粑和的来了"之后，三下五除二，满盘子咸烧白就被洗劫一空。

这么复杂的菜，也只有爹妈爷爷奶奶会做。上好的五花肉，肥瘦分明。肉皮得用热锅烙两次，第一次烙完之后得刮掉最糊的那一层。煮至八成熟之后再烙一次，此刻得加点油加点红糖，肉皮成棕红色之后才切片。

每一片淋上一层酱汁之后就可处理芽菜，芽菜切碎之后用油、花椒、辣椒爆炒，起锅时浇上一些酱油。

肉片、芽菜，装盘之后再上蒸笼用大火猛蒸，这是烧白的精髓所在。密闭黑暗的蒸笼中，开水翻滚，慢慢地水蒸气上升，神不知鬼不觉之间，五花肉的油脂浸润到芽菜之间，芽菜的气味又在热气中融进肉之中。

不小心吃到一粒花椒，也是充满了混合的香味。经过芽菜的吸收调和，烧白的油腻感淡化了许多。热气腾腾、肥而不腻、入口即化，第一片一定是先夹给家中的长辈。

八宝饭

八宝饭，是成都人年夜饭上的菜，也是主食。多种食材混合在一起，红红绿绿，看着热闹喜庆。关键还是每种食材都有美好的寓意。莲子象征婚姻和谐美好；桂圆象征团圆；红枣象征早生贵子……这菜吃的就是讲究。

做八宝饭费时，一大早就需将糯米洗净用冷水浸泡几个小时。糯米沥干之后上蒸笼，大火烧到冒气、米变颜色之后，再泼上一瓢凉水，此刻再盖上盖子焖蒸几分钟。

蒸熟的糯米倒腾到碗中，同时也把莲子、红枣、葡萄干、蜜饯、核桃仁、花生等等食材混合进去。一块猪油是这份八宝饭温润油亮的关键。

食材放齐之后将碗端上蒸笼蒸熟，再扣倒在盘中，便是一桌年夜饭最吸睛的那道菜。小孩总会率先夹走那颗红枣或葡萄干。糯米筋道黏牙，吃到嘴里的每一口都很实在，各种食材的香味混合着甜蜜的气味。

三鲜什锦

年夜饭上三鲜什锦这道菜的丰富性也可以和八宝饭媲美，平时只有在九斗碗之上才吃得到，过年，再麻烦也得做一份。

丸子要用油炸过，鸡块最好选用乌骨鸡，鱿鱼要泡涨，虾仁提前解冻好，青笋、胡萝卜都切成长条状，按照食材烹饪时间长短的顺序放进高汤中烹煮，起锅时撒些鸡精、葱花，汤汁无比鲜美。

丸子酥香，青笋清香，鱿鱼弹牙，每人都可以挑中自己喜欢的那块。

成都人做的三鲜什锦中少不了酥肉。油炸酥肉也是年夜饭中的一项大仪式。

偏肥的猪肉切成小条，打两枚鸡蛋，加盐、花椒、淀粉一起调，油锅烧热，便可开始一轮一轮地炸。油锅呼呼地响，肉块成金黄色就得赶紧起锅。

最嫩最热乎的酥肉，起锅之时便迫不及待地用手拿起一块尝尝味道，满口肉的酥香味，还没煮进汤锅中就被吃掉了小半碗。煮过的酥肉，吸收了高汤的鲜美，软绵易嚼，每一口都有灌汤的感觉。

忙碌一整天，全家齐上阵，满满一桌的年夜饭还会留到初一初二……年后好几天都在过"收陈菜"的日子。对付年夜饭上的陈菜，成都人也有一套，勤俭持家是也。🔶

肥肠粉

● 吃肥肠粉儿不加结子，等于麻婆豆腐不撒花椒面儿

CHI FEICHANGFENER BUJIA JIEZI，DENGYU MAPODOUFU BUSA
HUAJIAOMIANER

/ 李佳蓓

2009 年某一天，我从郫县挤了很久的公交车，带着山东妹子娜娜逛泰华，买了衣服、鞋子、裤子、裙子、帽子……

欣喜地扛着黑口袋穿过人群，终于冲出重围抵达商场门口吸了一口新鲜的空气，然后往右边一拐，等着用青石桥的肥肠粉儿压压泰华那股闷在胸口的浊气。

我们刚抢到两个位置，就看到邻桌的两人夹了个冒结子在发神：

"这个东西鼓鼓，好像里面，有点像，额……"
"屎是不是？"
"嗯。"
"其实这个东西就是肛门上面一点那一节嘛。"
"额。"

娜娜本来逛泰华就逛得胸闷，当即干呕一声，最后粉儿都没吃，就走了。

作为一个刚到成都的山东妹子，她不能理解，这个装屎的东西，竟是成都人民最爱吃的内脏之一？

冒结子究竟是啥？冒结子就是吃肥肠粉儿的时候，要另外给钱才能加的辅食。

李劼人的书里有一段："帽结子，是将猪小肠挽成一个大疙瘩，颇有点像从前瓜皮帽顶上的帽结。这是成都的名物之一。"

我特地去查了《四川方言词典》，确实是叫帽结子：将猪小肠挽成大疙瘩卤熟制成。四川的"冒"字是一个动词，冒菜、冒粉儿、冒帽结子。但是在口语中呢，冒帽结子实在有点复杂，在口口相传当中，就逐渐简化成"冒结子"了。

由于没有了"帽结子"的语境，结子也逐渐被简化成了"节子"。如今的店老板和食客，都已经默认"冒节子"这个说法了。管它咋写，在成都，吃肥肠粉儿不加结子，那等于回锅肉没有灯盏窝，麻婆豆腐不撒花椒面儿。

只有在吃肥肠粉儿的时候，你才能看到一个人的真面目。一个眉清目秀水灵灵的女子，前一秒她可能是 CBD 中说英文的 Cindy，你觉得她职业、干练，下一秒喊："老板儿加四个结子，多海椒。"这，才是真正的她。

从达州来的郭达说，有一次他和领导一起吃肥肠粉儿，老板儿问："加几个结子？"领导："先加 10 个嘛。"然后单独有个盆端上来，领导说："自己整哦！不够再加！"

从此郭达觉得自己要死心塌地地跟着领导，因为至少，不抠！

成都有个写美食的非职业作家 MC 拳王，他的《肥肠之神》轰动一时，其中有段关于结子的故事，说明了冒结子之于肥肠粉儿的重要性：

一个 7 月闷热的夏夜，肥肠粉店正准备打烊，突然来了三个酒气熏天的纹身大哥，执意要吃肥肠粉，扬言在 5 分钟内做不好就把店给砸了。

16 岁的小刘手忙脚乱，汗出如浆，终于做好了三碗肥肠粉，正准备端出去。肥肠之神——肥肠店老板儿——老胡拦住了小刘，他说，往里面加两个结子。小刘诧异又愤怒，说为何要对坏人那么好？——成都有一句古训："我喝酒，我吃结子，我知道我是好男孩。"所以坏人是不配吃结子的。

但是老胡执意要小刘这么做：把两个结子加到其中两个碗里，剩下的一碗没有结子，然后让小刘端出去。小刘惴惴不安地问，没结子的那碗端给谁，老胡闭上眼睛不再说话。小刘战战兢兢地把肥肠粉端给了三位大哥，大哥们问为何只有两个结子，小刘只得撒谎，说店里就剩两个结子了。

出乎小刘意料的是，大哥们并没有为难自己，反而产生了内讧，三个汉子为了两个结子吵了起来，谁都表示自己有吃结子的资格，各不相让。最后三人不欢而散，分道扬镳，看样子这事不会就此罢休。这不是结子问题，是尊严问题，一场血腥的内战即将来临。

而那三碗肥肠粉连同两个结子分毫未动，小刘和老胡吃了个爽。小刘夸老胡，姜还是老的辣！我怎么就想不出这么毒的计策？老胡说你没读过《春秋》吧，这招叫作二肠杀三士。

结子究竟有多好吃？

首先，扁的干的结子肯定不好吃，没有汤和油脂。

好吃的冒结子是鼓鼓的，咬一口，蕴藏在结子中的汤汁会溢出来。用朋友的话说："感觉胃里的油珠珠都要冒到喉咙管了，那是一种幸福的难受啊！"

现在不管串串还是火锅都有结子，卤过的结子，在红锅里久煮一阵，裹干海椒面儿是一绝，但是永远没有配肥肠粉儿的时候好吃。

肥肠粉儿的冒结子是用肥肠心肺汤"冒"出来的，吸收了内脏的精华，享受了滚汤的火候。

"冒"是只有四川才有的烹饪方式，它不是煮、不是氽、不是煨，它技法简单，但是火候要求高，轻了太生，重了太老，只有"冒"到恰到好处，冒结子才能韧中有劲、肠中带汤、汤中带香。

一个人对结子的喜爱，吃肥肠粉儿的时候就能看出来，我一位朋友吃肥肠粉儿不要肥肠，光加两个结子，再来一个锅盔。很多人都看不懂她，在她看来，肥肠切得太小没吃头，不如不吃，吃节子是最爽的。

我的同事毛毛给我讲过她吃过的一道听起来像肥料的菜——折耳根结子汤！

有一年，毛毛和朋友去绵阳某个地方泡温泉，泡完去吃了一家江油肥肠。老板娘力荐折耳根结子汤！连她这种肥肠爱好者听到都想吐了。结果，一上桌每一颗结子都像艺术品一样翻面洗干净打成一个完美的普鲁士结，浮在黑黢黢的折耳根汤面上，吃起来特别嫩气，汤水鲜得飞起来！

听完，我竟然对这道"肥料"心动了。 🔴

● 小李爱吃泡菜，小王爱吃泡菜，小张也爱吃泡菜

XIAOLI AICHI PAOCAI, XIAOWANG AICHI PAOCAI,
XIAOZHANG YEAI CHI PAOCAI

/ 李佳蓓

我认识的所有四川人都爱吃泡菜。

作为一个吃吉香居长大的眉山人，泡菜在不经意间勾连着我的童年的味觉……

老家眉山有个镇叫太和，那是岷江边上的一个小镇，回老家的必经之路上有个榨菜厂。除了过年，整个路上都飘着一股酸酸的泡菜味儿，并不难闻，这股酸味儿似乎就是太和镇的特殊记号。

对外婆有个记忆，是一年初秋，豇豆下来了，她在"地坝"头摘豇豆，边掐掉豇豆的两头，边碎碎念，这个不得行，简直不行……豇豆不够细长紧实，泡绍的豇豆泡久了会烂软，不仅坏水，还少了那股脆。

每个四川人心里的那坛泡菜都是活的，水是活的，天天捞水就活了，它的活不仅仅是因为有味道、有气息，还有声音。一天深夜你到厨房喝水，突然冒出"啵儿"一声，惊得你又喜又馋，是坛子边的水又冒泡了，这就是好吃的声音，出了四川再听不到的声音。

泡菜做得好，是一件很骄傲的事。因为小时候在一个院子里，不少邻居到我家要"引子"。

一个四川人如果不会泡泡菜，那做的菜不可能好吃！像我妈，就是以泡菜的好坏来断定亲戚家的菜好不好吃。家家户户大节小节的时候都要做鱼，泡菜不好，直接关系到主菜鱼的调性，哪怕再多的肉都要弱三分。

泡菜把四川人养得很馋，馋到什么程度，实在没吃的了就把泡菜当零食。还有更甚的，比如我表弟就偷喝过泡菜坛的盖子外圈的水，吃面的时候就把坛子里的酸水舀一勺用来当醋。

四川，每个小面、抄手店都有一个泡菜坛子。一般是放在最靠近厨房的那张桌子，或者是收银台附近，客人自己夹。

四川的泡菜都是免费吃，吃完还可以再拿。到后来，有些高级的川菜馆子泡菜要收费，但那个绝对是镇堂子级别的泡菜了。

我听说有个老板把泡菜坛子锁在柜子里，只有自己才有柜子钥匙（老板娘都没有）。每桌限点一份，给再多钱也不能再点了。有些店泡了胭脂萝卜，水之艳，筷子都会染红，面还没上先捞盘泡菜解馋。

全四川最精华的"洗澡泡菜"就在这些小店里。因为每天都在不停地被捞，萝卜片、白菜还没有完全发酵，只是吸收老坛子的酸味，口感爽脆，这样的"洗澡萝卜皮"一咬就会脆生生地响。

仔姜、蒜薹也是"洗澡泡菜"中的极品。刚买回来的嫩姜，选几根最嫩的姜芽，撕成块儿，再从泡菜坛里舀点老泡菜水泡上半个小时，中午下饭刚刚好！轻碰即断的蒜薹，不要过刀，摘成长节，放玻璃瓶里，再用老坛泡菜水泡好密封，放置一夜，就是明天的开胃泡菜了。

感冒了，泡菜坛里抓出泡姜泡红海椒泡酸菜切了，用油轻炒一下，掺开水熬成酸辣汤，面煮好，挑进去，撒上香葱就是一碗泡菜面。酸辣鲜美，吃完额头冒出了一层薄薄的汗珠，人就通泰了。

泡菜可以解腻。有一年大年初一，我姐夫一大早起来包汤圆给大家吃，煮好之后，震惊了。两个就占满了一个碗，吃完一个就腻得不行，后来他机智地捞了一碗泡菜，一个酸脆、一个甜糯，瞬间忘了腻。

有些人家里泡菜坛子都有好几个。有的专门泡酸菜、有的泡藠头、有的泡姜和辣椒，还有专门泡酸萝卜的。

一年四季，坛子里都有自己喜欢的菜。冬天泡萝卜，初秋泡豇豆，春节过后，是泡青菜的最佳季节。青菜一串串挂在风口，等到失去一半多的水分。再挽成一小把一小把，扔进老泡菜坛子里，半个月之后就变色了，酸爽脆嫩，是超市袋装酸菜永远无法企及的味道。

刚搬家那阵，很少做饭，家里没有泡菜坛子，表弟送了我一个他泡了两年的玻璃坛子，但是我养得不好，老生花。

我妈救了几次，放酒、放花椒都救不回来。她一直怀疑是透了光的问题，心里一直记着，然后回眉山买个新坛子，发好水、泡好菜，再让我运到新家。

表姐和姐夫在深圳安家多年，每年我大爷和婶子去看他们，都会背几瓶泡菜坛子里的酸水，满心欢喜地重启一个坛子，等泡上，过不了多久要么生花，要么变味儿，始终不是家乡的味道。但他们依然坚持每年去都要带泡菜水。

从来故乡连着胃，当有一天老了，有个比自己岁数还大的泡菜坛子陪着，就算没牙了，拿筷子蘸两口酸水，也不枉此生啊。🔴

● 香肠为什么年前比年后好吃？

/ 李佳蓓

四川食物最好吃的一口不一定是火锅。

同样的食物不同时间吃口感是不一样的，比如夜里的烧烤就比白天好吃；同样的食物不同的部位口感也是不一样的，比如同样是猪肠，结子就比肥肠好吃。

兔子最好吃的那口就是腮帮，腮帮肉是活肉，兔子的咬肌，敦实有弹性，是兔头最大的两块儿肉，比眼睛实在，比舌头绵软。

鸡最好的那口，就是掌中宝了，喜欢一切嘎嘣脆的人肯定喜欢掌中宝。此掌中宝并非指鸡爪中间那一块肉，而是鸡膝关节部位，又叫鸡膝脆骨。带一点筋、被特别有弹性而不油腻的鸡皮包裹，特别是烤过或者爆炒的掌中宝，外弹内脆。

四川冬天最好吃的一片肉，肯定就是年前自家做的第一顿香肠、腊肉。年前的绝对比年后的好吃百倍，11 月底香肠里就提前吃到年味儿了，又麻又辣，总想着"吃完这块就不吃了"，可又根本停不下来。

豆瓣鱼、美蛙鱼头，鱼最精华的就是头上的月牙肉，有人称是鱼脸蛋、豆瓣肉、蒜瓣肉、鱼眼带、鱼卧蚕。

油菜最好吃的一口，就是上面的油菜花了！

红油菜、白油菜都好吃，红油菜的茎是紫红色的，叶子暗绿，炒熟之后油菜茎微微变紫，有淡淡的苦味，但是上面黄色的小黄花没有苦味，又嫩又脆。

白油菜的嫩芽，没开花的时候就可以吃，掐了又长，长了又掐，把腊肉和酱肉切成片炒油菜颠儿，菜花吸收了腊肉的油脂。

素椒杂酱里最好吃的不是面，是碗底的渣渣。吃完面，碗底的葱蒜肉馅子混在一起，把碗底刨干净才是吃素椒杂酱最幸福的一刻。

到了冬天，下一碗好面，最好吃的不是面和浇头，是面里面的豌豆颠儿。四川人自己在家煮面，三分之二的豌豆颠儿，三分之一的面。豌豆颠儿吸收了面条和浇头的汤汁，一口下去，极其清爽。

猪身上有很多东西好吃，其中之一应该是吃肥肠粉儿时加的结子。肥肠粉儿里用肥肠心肺汤"冒"出来的结子鼓鼓的，咬一口蕴藏在结子中的汤汁会溢出来，汤里带着油吸收了内脏的精华。

凉拌菜里好吃的不止鸡、兔、耳片，还有凉拌鸡和红油兔丁里脆脆的花生米。花生米是最经典的拌料之一，裹了红油的花生米依然很脆，但是因为外面蘸料丰满，所以极其好吃。

用筷子一颗一颗地夹着吃，极香。如果单独凉拌一份花生米就完全不是这味儿了，因为少，才更加好吃。

甜皮鸭最好吃的一口，不是鸭脖、鸭头、鸭腿，是最精华的皮子。被卤水卤过、被油烫过、被糖刷过的皮子，有点胶质带点甜味，薄薄一层，特别是刚烫之后鸭子还是热的，糖刚贴在皮上面，一拉还带着糖丝，才是人间极品。

● 当我嘴巴寂寞的时候，我就会和它打个啵儿

DANGWO ZUIBA JIMO DE SHIHOU，WO JIUHUI HE TA DAGE BOER

/ 胡琴

你以为你是来看言情剧的吗？不好意思，我们只想说说那些啃兔儿脑壳的小事。

成都话里面啃兔儿脑壳有两个意思，举两个例子：

A. 啧啧啧，你不晓得，我昨天看到彭主任和兵兵在河边啃兔儿脑壳！（语气牙尖）
B. 红星路那边有家店的兔儿脑壳味道不摆了，我恨不得一天啃三个！

我来解释一下。第一句其实很有意思，大概就是你看到标题时会浮现的画面——由于啃兔头时会和兔头的唇齿有接触，所以这一动作在成都话中的一个含义就很明显了，就是"亲吻"。

第二句话简单，就是字面意思，（用牙齿）啃兔儿脑壳，也是本文的核心思想。

关于兔子，最经典的一句台词大概是："对呀，我们成都人不仅要吃兔兔，而且还要啃兔儿脑壳呢！"有人觉得这简直是在啃噬尸体呀！

关于兔儿脑壳，不少外地人会对它有疑问、好奇、恐惧，但成都人多半也是当成冷啖杯，吃了就算了。那么，下面就带大家深入了解一下兔儿脑壳吧！

成都人有吃"三头一掌"的说法。三头指的是兔头、鸭头、鹅头，"一掌"指的是鸭掌。兔头在三头中最受欢迎，不分春夏秋冬，全年都可以啃。

兔头的口味一般分两种：麻辣和五香。最著名的兔头当然是双流老妈兔头，坊间流传的是老妈兔头最开始其实是卖麻辣烫的，但是老妈的儿子爱吃兔头，于是妈妈就直接在煮麻辣烫的锅里给儿子煮兔儿脑壳，没想到味道出奇的好。

现在，兔头早已飞出双流，成都大街小巷随处可见"双流老妈兔头"的牌子。

中国人一年大概要吃掉5亿个兔头，四川是兔头的第一消费大省，至少吃掉2亿~3亿个，其中成都至少占90%。一家卖兔儿脑壳的店生意好的话，一年可以卖掉180000个，不用数了，是18万个！

去年有个餐饮调查报告，说在成都卖得最好的菜品是麻辣兔头和鳝段粉丝，干烧海参这种菜根本卖不动。干烧海参，听起来很高档的样子，但成都人怎么可能会爱这种东西呢？！

根据知乎上成都人对菜品的关注度统计，第一名是火锅，没什么好商量的。但注意，兔儿脑壳和串串冒菜的地位紧随其后，在成都人眼中可是不相上下的。

法国、意大利等国家每年都会向中国出口兔头，我们一年消耗的5亿个兔头有五分之一是来自欧洲。所以，你可能哪天一不小心吃的就是一个来自法兰西的兔儿脑壳哦！

啃兔儿脑壳有讲究。专业人士说，啃兔头和吃螃蟹一样，没有正确的手法是无法彻底品尝到一个兔头的美味的。那么，如何正确以及完美地解决掉一个兔儿脑壳呢？下面就给大家分步骤详细讲解一下：

第一步，如果选用的是麻辣兔头，一定先用嘴充分吮吸兔头上面红亮亮的辣椒油。

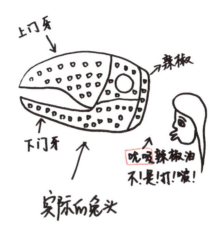

第二步，从嘴巴的位置把兔头掰成上下两半，放下头顶的上半部分。

第三步，先吃下半部分脸上的肉，也就是腮帮，这是整个兔头肉最多的部分。不少人小时候都只爱吃这两坨肉。

第四步，从下巴处顶起舌头，轻轻扯下舌头，吃掉。

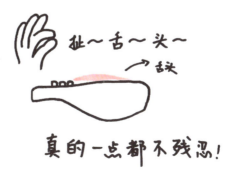

第五步，检查下颌骨还有没有剩余的肉渣渣，舔干净——这是对兔兔的尊重。吃毕，放下。

第六步，重新拿起刚才放下的脑壳上半部分，底部朝上，用拇指的指甲抠取口腔上部有褶皱的部分的头，吃掉。

第七步，把头顶朝自己的口腔，兔头与牙齿平行，找到颅骨顶囟门的纹理，轻咬并吮吸，掀开颅骨，从兔头的颈部着力取出脑花儿，取脑花的时候下手尽量轻一些，以保证脑花的完整性，观赏后吃掉。

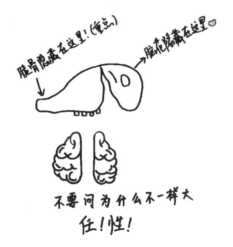

第八步，将剩余部分掰成两半，找到两边的眼球和眼睑部分的肉，吃掉。

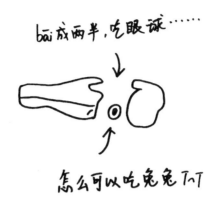

最后，吮吸一下沾满红油的十指——戴了塑料手套？这可是会被鄙视的。

吃完了，我们再来从头了解一下，一个色香味俱佳的兔儿脑壳是如何从一个活蹦乱跳的头变成一个美味无比的头（也就是做法）。

第一步，当然是要把兔子的头和身体分开。

第二步，刚买回来的兔头必须要用流水浸泡，去除血污，至少得泡一个小时，清掉血水，否则会坏了卤水。

第三步，泡好的兔头反复漂洗干净后用开水汆一遍，这也是去血水很重要的一步。

第四步，对兔头进行修剪，煮好的兔头上是有很多杂物的，需要用剪刀仔细修剪干净，这很费工夫，一个人一上午最多能打理 100 来个。

第五步，把兔头放进秘制的川味卤水里开始卤煮，根据兔头的大小，煮 40~60 分钟即可出锅，稍作静置后就可将兔头放入秘制的油料中拌匀，最后再在油料中泡置几个小时。

除了如何吃如何做，全国各地似乎还有非常多的朋友对兔儿脑壳好奇，问题也特别多，我们在这里统一回复一下：

问：成都人为啥喜欢啃兔儿脑壳？

答1：BBC 有个纪录片里面说的是中国人很穷，舍不得把兔头丢了，然后就吃习惯了……

答2：容易入味，还有层次感。脸颊与皮肤的嫩、眼球的脆里含汁、脑花儿的香醇软糯，还有小心掀开头骨不碰到脑仁的技艺感，一个兔头就能吃出肉食的各种体验……

问：如何优雅地吃兔头？

答1：吃兔头优雅？！我没听错吧。吃兔头只有狼吞虎咽、不顾形象，满嘴全是油，最后再心满意足地擦嘴巴。

答 2：在成都吃东西莫得优雅这回事，全靠手速和嘴速。

答 3：拜托，吃兔头还要优雅。明明就是要甩开膀子啃、咬、吸的好吧。要优雅，去吃法餐好了。

问：一边看《疯狂动物城》一边啃兔头是种什么体验？好残忍地说……

答 1：别说，啃着啃着还真有点不忍心了。朱迪那么阳光善良温柔可爱，我们竟然吃它？我不是人。

答 2：看着《海底总动员》吃着水煮鱼是什么感觉？ 看着《喜羊羊与灰太狼》喝着羊肉汤是什么感觉？ 看着《麦兜》吃着猪肉是什么感觉？看着《海绵宝宝》吃着大闸蟹是什么感觉？没什么感觉吧？对于我来说，可能就是看剧的时候嘴巴不想停……而已。

● 成都人喝酒要把人给笑死

CHENGDUREN HEJIU YAO BAREN GEI XIAOSI

/ 朱雪峰

要说酒量，成都人简直拼不过北方人，北方人都是按碗来，成都人的精致酒杯，可能只有指甲盖那么大。

要说差异，成都人讲究的是精致、儒雅、品位，北方人则会选择度数高的来，喝的是排场和气势。要说社交，北方人喝酒，好家伙一口闷，而成都人喝酒，则是一场旷日持久的拉锯。与其说，成都人喝酒讲究的是气氛和节奏，不如说成都人喝的是一种酒桌文化。

成都人在酒桌上非常经不起诱惑。李伯清都说过，这种欲拒还迎的套路，在成都真的是屡试不爽，这样的对话你肯定经历过。

"来整两杯哇。"
"不来了不来了，昨天晚上整高球了。"

"算咯，那我各人整点。"
"你还是少整点哦，杯子都给你摆起了。"

"唉，半杯哦，只喝半杯，多了不来。"
"我看你状态有点好哦，来嘛，最后半瓶我们两个分了。"

"光吃花生米莫意思哦，服务员再拿几瓶酒来！"
"你不是不能喝吗……"
"天气好，我扯两瓶下午好啄瞌睡。"

真的，从进门闹到只喝饮料，到最后微醺扶墙走出去，只需要几句动人的劝慰和勾引。然后到了明天，又是同样的节奏："不喝了不喝了，昨天整高了。"循环往复，情节不变。

成都人潜力有多强，他们自己都不知道。北方人喝酒讲究的是速度，倒一个抬走一个；但是成都人讲究的是精致，从下午要喝到晚上。

但下午喝到晚上，重点是也没喝多少，大部分时间其实是在思考套路别人和提防着进攻。我特别害怕跟我爸出席宴会，因为要来回地敬酒。来，跟着我细算一下我要喝多少杯，按小杯啤酒来——

假设一桌有十个外人，我每个人都要敬一杯的话，就是 10 杯；每个人出于礼貌都会反过来敬我一杯，又是 10 杯；我要和我爸我妈以家庭的身份敬酒，再加 10 杯。

我爸偶尔还会给我咬耳朵使眼神，说你那个叔叔有点喝得，你要多敬他两杯……

也就是说，我只要去了就意味着有三十几杯酒在等着我，这都还不算自己寡喝的酒。

但是说实话，我真的到现在都不敢相信我自己有这么大的量，都是怎么喝过来的。我去同学婚礼的时候，他们玩游戏：3 杯拿一个红包，6 杯拿三个红包。真金白银摆在面前，我都才只喝了 3 杯。

酒桌上的说辞，是一种可爱的艺术。但是后来，看我爸跟别人拼酒，我算是明白了，还是那句话，套路。

"不喝就是不给我面子，感情深一口闷。"—— 这些措词现在只有低阶玩家在操作了。高阶玩家，是这样玩的：

"听说你是 ×× （对方家乡的名字）人，嗬哟，那个地方我去过，你们那边真的太能喝了。但是，你肯定没有喝过我们这边的酒，远方的朋友，来，我们喝一杯最美的酒。"

然后抬手就倒了 3 杯，边热身边叫嚣："你对我敞开心扉，我让你满载而归。"节奏还必须要握在手里："来来来，美酒不断，感情不断，珍馐美食吃对味，今天必须喝到位。"

如果有人要去厕所，完了——"屁股一抬，喝了重来。"反手又是猛烈的一杯……反正一晚上都是对子，之溜。

有人只喝半杯的时候，要说"酒不倒满心不满"；有人摇手堵住杯子的时候，要说"人在江湖走，哪能不喝酒"；有人假装抿一口的时候，要说"来，为我们的友谊干杯"。

当然，我不是说让你们学会这些套路去劝酒。我只是说成都人喝酒真的很有意思，尤其是这些推杯换盏、觥筹交错之间的社交文化，既增添了酒本身的魅力，又让人觉得喝酒不是简单粗暴的举动。有段子，有顺口溜，让喝酒在推拉间也变成了一件可以游戏的事情。π

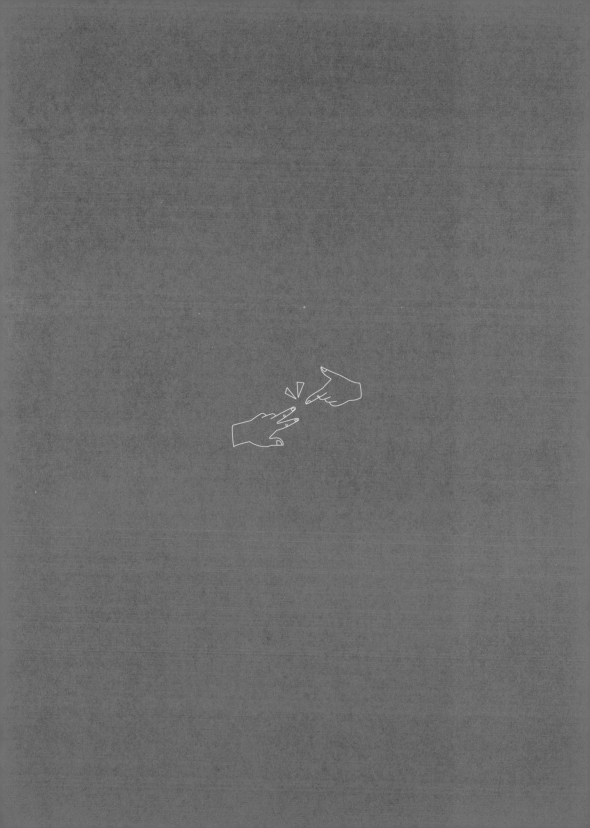

● 在喝酒这件事上，成都人终究喝不赢
达州人、泸州人、乐山人、宜宾人、西昌人……

ZAI HEJIU ZHEJIANSHI SHANG, CHENGDUREN ZHONGJIU HEBUYING
DAZHOUREN、LUZHOUREN、LESHANREN、YIBINREN、XICHANGREN……

/ 贾茹

成都人在喝酒这件事上提过啥子虚劲？不好意思，我没想到。只依稀记得可能会有这样一组对话：

"今天喝不喝？"

"喝！"

只能说，成都人在喝酒这件事上还算表现积极，但凡有酒局，但凡我能抿一嘴，你喊到我，我都愿意，且决不迟疑。

那二年辰，在娈都，在啤酒美食广场上，一晚上，不晓得有好多个光董董要喝得脸红筋胀。一晚上，他们不晓得要重复好多遍："老板儿，开两瓶啤酒！""老板儿，再开两瓶啤酒！"

但是你要问四川其他地方的朋友在喝酒这件事上都有些啥子豪言壮语？

乐山人说："我们不用杯杯儿，都是吹瓶子。"

泸州人说："我们喝酒像喝汤。"

达州人说："我们喝酒，都按圈圈子算。"

苍溪人说："来了我们这儿，酒要管饱。"

宜宾人说："我们喝的不是酒，是感觉。"

资中人说："我们喝酒，一般都喊老板先抱两件。"

西昌人说："雪花啤酒就是我们大凉山人民的口服液。"

哦嗬，成都人输了。

以前我总觉得，成都人该是爱喝酒的吧？成都人该是喝得的吧？但是话放出去之后，以上这些四川其他地区的朋友表示：他们坚决不同意。

乐山人：我们从不两瓶两瓶地喊，都是按箱喊；我们从不一杯一杯地来，都是吹瓶子。

乐山人喝酒，一定要配夜宵，烧烤、钵钵鸡、龙池烤鱼都是绝顶的搭配。

一般坐下来，就喊：老板儿，抱一箱酒来。然后边吃边喝。

乐山不管大小馆子还是摊摊，你要说你喝酒哈，老板儿一般都不咋发杯子，因为大家都只有一个规定动作：吹瓶子。

泸州人：我们泸州人从来喝酒像喝汤。

美食博主 @ 竹子大魔王说，不参加泸州熟人的聚会是因为大家喝啤酒都用不锈钢盆盆，不管男女，一律喝得有今生没来世。

泸州号称"中国酒城"，盛产两大白酒：老窖和郎酒。

泸州人不说喝酒，说吃酒。泸州有一首歌叫《醉美泸州》，是泸州市的市歌。当初，全市 KTV 开机之前，都要先放一遍。"我们泸州人从来喝酒像喝汤"，就出自这首歌。

泸州人男女都一样，喝酒当喝汤，喝完沱江喝长江。你不喝，我不喝，大河大江都要蹉跎；你不醉，我不醉，马路啷个宽哪个切睡。

二中的娃娃是闻着酒糟味上课的，一遇到吹大风，整条街都是酒糟味。所以后来二中都不叫二中了，叫：天府老窖中学。

我的泸州朋友说泸州人喝酒从来不用小杯杯，我问他大概能喝好多？他说一，我说一瓶啊？好大一瓶？

他说：一直喝耶！

达州人：我们喝酒，从不按杯杯子来。

达州人性格耿直，在达州有句话：喝酒前我是达州的，喝酒后达州是我的。

达州人喝酒也用玻璃杯，但是端起酒杯必打圈，所以跟达州人喝酒，不是按杯杯子算，是按圈圈子算。

据说在达州，不喝酒混不走。即便是有些因为不喝酒混不走的达州朋友到了成都来，都随随便便干翻几个成都人。

苍溪人：来了苍溪，酒要管饱。

苍溪人民喝啤酒，一般都用战斗杯。喝了睡一会儿起来又喝，我有个朋友，可以喝 24 小时不歇气。

苍溪人就算喝不得，也不得虚。我朋友家大年三十团年喝酒，最后年夜饭还没吃完，大舅先喝去了中医院，一会儿小舅又喝去了县医院。

据说近年来，苍溪人进 KTV 都是一组一组地喝，就是一排六七个杯子，端起就是：来，我敬你一组！

宜宾人：宜宾人喝的不是酒，是感觉。

宜宾人喝酒也用杯杯，他们觉得用杯杯喝酒好量化，不丢人，至于能喝好多杯？没有定数。

我的宜宾朋友南南君说，其实宜宾人喝酒还是很斯文的，毕竟宜宾有浓厚的白酒文化。对于宜宾人来说，白酒其实是很雅致的酒精饮品。

宜宾人喝酒——撇脱。对于宜宾人来说，问到喝啥子，是友谊程度的一道选择题。

如果他说我们喝啤的吧，那就是：他只想跟你喝点儿饮料谈个天说回地。

如果他说我们喝点洋酒吧，那就是：这个宜宾人在和你装B。

如果他说我们喝红酒吧，那多半就是：他昨天才喝翻了，今天状态不好。

如果他给你说：肯定是喝白的啊！那就是：他把你当兄弟，想几哈和你进入一种友好又亲切的氛围。

我干了你也干了，我干好多你也干好多，那我们就是最好的朋友了。

资中人：资中，一座稍微不努力喝酒就会没有朋友的城市。

我问我朋友，资中人有好喝得？他给我甩了一组图片过来，并注明：9岁娃娃给朋友发的信息：资中，一座稍微不努力喝酒就会没有朋友的城市。

资中人从来不说，老板，来两瓶。只说，老板，先抱两件。

在资中，吃饭不喝酒，在桌子上就没什么地位；成年人都不谈论喝酒，直接喝酒。不是你醉，就是他睡。你要觉得洋酒让你破费，那就让哈啤给你开胃，百威给你养胃。我是钉子，我怕锤子，只要感觉对，喝到天亮无所畏。

我的资中朋友，前年去泰国普吉岛，晚上到一个酒吧坐坐，服务员向他推荐酒水，他毫不犹豫就要了一打，服务员很诧异地看了他许久，他环顾了下四周，大都是些老外，五六个人一桌，一人手里就一瓶，他一个人的酒摆了半张桌子……

西昌人：我们喝啤酒，雪花啤酒嘛，大凉山人民的口服液。

西昌热，大部分西昌人都爱喝啤酒，所以西昌有个雪花啤酒厂，是雪花专门为凉山人民开的分厂。据说整个西昌加上凉山州就能消耗一个厂的产量，还省去很多运费。

西昌还有一款啤酒叫五彩凉山，一般聚会吃饭，不用说，小二都是先抬三件（注意，是抬，而且是大件，24瓶的那种）放在餐桌边。

凉山州人民，但凡能喝的，基本上都是用盆盆喝，就是那种装土豆酸菜汤的不锈钢盆盆。

西昌男生能喝，很多女生的酒量也很惊人，还是后发制人那种，大家都把酒量当作自己不容置疑的优势。

在西昌，通常有两种喝酒模式："525"和"121"。"525"，就是一瓶酒，我半瓶你半瓶；"121"，就是你喝一瓶我喝一瓶。

我朋友的一个女同学，真的请书法家题写了一幅字放在家里——中国境内没醉过。

你看是不是，在喝酒这件事上，成都人是真的莫得啥子劲可以提得起来，跟周边几个地方的人相比，成都人喝酒确实略显温吞，缺少了一种挽起袖子就开整的豪爽霸气。

成都人喝不喝酒喃？喝酒！
成都人爱不爱喝酒？爱喝酒！
成都人喝不喝得？呃……

说穿了，成都人在喝酒这件事上啊，如果估倒要提劲，也都是些虚劲。

我一个成都朋友，特别有自知之明，她说："成都人喝不得，成都人喝酒，也不咋个提劲。" **TZ**

● 成都人的"鬼话"

/ 李佳蓓

成都人经常说些"鬼话"。真真假假、虚虚实实，外地人说是"假打"，其实这是一门"艺术"。

"马上""快了"

千万不要相信成都人说"马上"。因为"马上"这个词可能是 10 分钟，也可能是两个小时。今后有人说"马上""快了"，一定要问清楚具体预估时间，到底多久？

"老板，菜还有好久哦？""马上，已经下锅了。"其实前面还有十几道菜等着炒……

"搞快起床了，马上 10 点了。"你妈喊你起床的时候，突然惊醒，一看时间，8 点……

"改天" "下回"

成都人口头禅：改天吃饭、改天耍哈、下回哈、下回嘛。

说"改天吃饭"却从来没有改天吃过，成都人说的"改天"就是永远没有"改天"……成都人说的"下回"就永远没有"下回"！这是一种客气！

除了改天还有一句鬼话叫"再说嘛"，组合在一起就叫：改天再说嘛……

这句话可以说是高级的敷衍，哲学式的搪塞，有一种无限循环的宇宙视角。

科普一下成都人嘴里的这几个词的时间概念：

"等一哈"就是 5 分钟至 10 分钟，"马上"就是 15 分钟到 60 分钟，"快了快了"就是 30 分钟到 90 分钟。"等会儿再说"就是 3 个小时到半天不等。

改天，一般大于等于两天到无限期……

"来了来了"

来了来了，是个又急又快的词语，实际是个非常拖沓的四川话。

"来了来了，马上就拢了。"这个时候，其实还在家里，或者还在路上。

"来了来了，到楼底下了。"结果是在他家楼下，才出门。

"表客气"

表客气其实是不要客气的意思。

这是成都人走亲访友中使用率最高的一个词。

开门之后，先是这句"哎呀，来就来嘛，还拿啥东西嘛"，然后满心欢喜地接过东西。

入席之后，用"表客气，随便吃哈"来盛情款待你。

"莫得事""说这些""不存在"

这是成都人语言的高级，属十亲友之间的客气，很官方但并不虚伪。用成都话说就是"磨 déi 四、缩仄蝎、不岑在"，普通话翻译就是"没事没事"。

这代表了成都人身上重要的"无所谓"特质，"不存在"三个字更有一种超现实主义的范儿。

一人为另一个人帮忙，回应别人的感谢的时候却说"不存在三""莫得事"，帮忙这件事明明是存在的，非要客气地否认，"不存在""没得事"。

"不辣" "真的不辣"

"吃嘛，不辣"，成都人的鬼话里最经典的一句，当你吃了一口，就会……

外地人的辣对于成都人来说，只是调味！所以千万不要信成都人"这个一点都不辣"之类的鬼话，"微辣"这种更不能相信了，这个相当于你去理发店让师傅"稍微修一下"的意思。

"吃了再走嘛" "再坐一会儿"

有一天隔壁孃孃到你家闲聊，快到饭点了，你妈突然说"再坐一会儿，吃了再走哈"，孃孃赶紧起身就往外走，这句话的真实意思就是"我要弄饭了，你搞快回去了"！

还有别人已经起身准备出门了，已经在穿鞋了，成都人还会用"再坐一会儿嘛"来挽留。

其实，成都人的"鬼话"是一种能力，是成都人的一种生活哲学，并不是虚伪，是一种幽默和智慧。 🔲

● 成都人的 "邪术"

CHENGDUREN DE XIESHU

/ 贾茹

朋友的外婆，感冒了都舍不得去医院，熬辣椒水喝出汗。关于养生，老一辈的成都人自认有一套特殊的应急处理体系，后人把这些用鲜香麻辣之重口缓解急症之术归纳成册，并称为："成都邪术"。

"邪术"之一：吃海椒治感冒

身患感冒的人，会产生一些病毒、细菌和坏死细胞，十有八九都是鼻脓口水的，医学上管这叫"发炎"。

这个时候，需要用四川出产的、辣椒素在 27% 以上的二荆条来刺激呼吸道。这种纯度的辣椒，可以稀释掉分泌的黏液，加强呼吸道表面的纤毛运动，排出异物，帮助感冒痊愈。

美国纽约西奈山医院于 2016 年发布的研究结果更进一步佐证了海椒术的科学性。加州大学教授艾文奇曼甚至说："许多在药房出售的感冒药、咳嗽药的功效和辣椒完全一样，但我觉得吃辣椒更好，因为它完全没有副作用。"

"邪术"之二：吃烧烤治失眠

在成都，晚上 10 点钟以后，通常是各大烧烤摊生意最红火的时候，为啥子？晚间饥饿引起的焦虑导致失眠，好多人百爪挠心睡不戳，就来烧烤摊寻求睡眠良方。

成都人治疗失眠，需要找一位祖籍宜宾的烧烤师傅，用十年以上的功力，在火候最佳之时，加入可祛寒除湿、降火平肝的特制孜然。以此法制成的烧烤，专治因心火旺盛导致的失眠病症，对于普通及偶发性失眠也有调节作用。

睡眠卫生教育里，有一个叫作"刺激控制疗法"的说法，就是说，你睡不戳的时候，不要估倒睡，可以做一些简单的活动，等有睡意的时候再上床睡觉。

一般情况下，成都人会选择的"简单的活动"就是：吃！

"邪术"之三：吃泡椒凤爪治晕车

医学上关于晕车的解释，说的是因为颠簸、摇摆或旋转，刺激到前庭神经，所以会觉得脑壳昏，想吐。

对于成都人来说，莫得那么复杂。成都一带一直流传着这样一种说法，头晕目眩的时候，来包泡椒凤爪就精神了；肠胃翻腾之时，来包泡椒凤爪就搁平了！

其实好多人都不晓得，我们这儿说的这种泡椒凤爪，必须是用精选的跑山肉鸡爪，加上峨眉山龙门洞山体内封闭取出的 N30° 天然古岩矿泉水泡制而成。

这种泡椒凤爪专治晕车，能提神醒脑、开胃生津。听说……如果是高反加晕车加饥饿的艰难时刻，效果会更佳。

"邪术"之四：吃酸辣抄手治食欲不振

不想吃东西，很多时候是肠胃虚弱的表现，遇到这种时候，成都人一般都会端出一两酸辣抄手。

这种抄手比较稀有，需采用上等二荆条晒干舂出来的海椒面，加之低温慢炒工艺压榨的菜籽油炼制而成的熟油海椒打底，再加两小勺阆中市保宁镇出产的优质醋调味。

酸辣对于味觉和胃部的刺激，足以唤醒一部分食欲，像川菜好多都是以酸萝卜泡菜作为开胃小菜，也是由此而来。另外，一两的这个量也很重要，以这样的量摄入，更易促进酸味和辣味之间的相互作用，从而达到开胃的功效。

"邪术"之五：吃火锅治便秘

一般肠道出问题就会便秘，出现这种情况的时候，润肠就显得非常重要了！

治疗便秘的火锅，必须是由土生土长的重庆师傅亲手上阵，需采用牛肉和内脏之间的那层脂肪炼制而成的牛油，以"6斤水+8斤油"的比例，加上辣椒以及四川汉源地区特产的花椒炒制。

当然，如果在调料中加入10%~40%含量的精炼芝麻油作为蘸料，效果更是绝佳。除此之外，这种特制的火锅还可以治疗抑郁、焦虑、狂躁、分手综合征、友情破裂……

火锅术堪称成都"邪术"之首，无数的病友，通过成都的火锅术治愈病症，因为深入人心，所以流传至今。如果你看到街上的火锅店排队的人排成像去大赌场的，请不要用异样的眼光去注视他们，这些人，都是来治病的。

类似的"邪术"还有：吃辣椒治口腔溃疡，因为治愈口腔溃疡需要补充VC，而辣椒正好含有大量VC；喝酒治开放性伤口，因为消毒需要由内而外；火锅、串串治感冒，原理参见"邪术"之一，所以千万要点红锅，越辣越好……

以上"邪术"纯属打胡乱说，外地朋友切勿轻易模仿。如果你自认也得到了四川"邪术"的真传，请马上联系我们。🔳

你嘟个恁个哈哟？

你咋个那么瓜喃？

● 重庆人和成都人有没有可能坐下来说话

/ 胡琴

成都人和重庆人不会打架，但永远会打嘴炮，嘴巴都"狡"得很。

操人互怼的话在网上飞了十几年，但是从来没有面对面来抖两句。我们不懂事，于是搞了点事，找了几个成都人和重庆人来了一场你问我答，从问题到回答，各自的特色非常明显了。

成都人问重庆人

Q：你们重庆人是不是就是不喜欢我们成都人嘛？

重庆人 1：是的。
重庆人 2：我还可以，确实有人不喜欢，没有理由。
重庆人 3：哪有，明明我们很喜欢（认真脸）。
重庆人 4：要看那个成都人是哪个。
重庆人 5：不是，美女就喜欢。
重庆人 6：我是成都人的好朋友，但是最近遇到两个奇葩成都人，横得要死！
重庆人 7：我不讨厌成都人呀，好多耍得好的都在成都。

Q：重庆的妹儿是不是觉得我们成都妹儿很作妖？

重庆人 1：不是作妖，是扭捏。

重庆人 2：去掉妖。

重庆人 3：主要看脸。

重庆人 4：没有哒，我觉得跟重庆妹儿一样喜剧。

重庆人 5：成都男娃儿比较作妖。

Q：听说你们重庆很多人都不会骑自行车？

重庆人 1：山地，你让我去哪里骑车。

重庆人 2：放屁，除了我。

重庆人 3：会这个技能，但是不会当作交通工具。

重庆人 4：看嘛，就是不喜欢你们成都人以偏概全。

重庆人 5：骑自行车对重庆人来说除了娱乐就是耍杂技。

重庆人 6：要骑啊，但是小时候后轮上还有两个副轮，也没得哪个家长非要喊娃儿学会自行车，毕竟在重庆骑车太痛苦。

Q：你们重庆小面为啥子不煮一两？

重庆人 1：耶，你们成都人斯文得很迈？一两？那个是娃娃家吃嘞！

重庆人 2：因为重庆人有钱，吃不完就甩。

重庆人 3：我会吃二两猪肉米粉，二两馅子米粉。

重庆人 4：你来煮三。

重庆人 5：因为重庆人民豪爽三，提出要求煮一两的都是弯酸客，老板看不惯。

Q：你们重庆人咋那么爱说脏话？吓人得很。

重庆人 1：呀，说起好爽嘛，×××。
重庆人 2：都是混社会的袍哥人家。
重庆人 3：脏话只是语气助词，就像你们妹儿说"烦得很"一样。
重庆人 4：重庆人耿直，说脏话也是一种霸气的表现，你们成都人不懂。
重庆人 5：重庆人说脏话就是情话，不熟还不得说。
重庆人 6：不是脏话，是重庆言子儿。

Q：重庆的妹子些咋个很多声音都好沙哑？

重庆人 1：我不信成都女的声音不沙，只要你抽烟喝酒。
重庆人 2：沙哑的声音更好听，哈哈。
重庆人 3：可能是嗷你们嗷哑了。
重庆人 4：天气好热，脾气火暴，说话过吼才亲热。
重庆人 5：重庆话的音调非常伤嗓子，不信你试试。

Q：重庆过马路的红绿灯真的太短了，你们难道都是大长腿，10 秒就能过街嗦？

重庆人 1：偶然现象，哪里都是嘛。
重庆人 2：你看到的可能是个假红绿灯。
重庆人 3：我们也有三叉路口交汇处，车子通行绿灯也只给 10 秒的，波尔皮启动都不够（波尔皮就是对比较孬的车的统称）。
重庆人 4：对头，我们重庆人脖子下面都是腿儿。

Q：你们那儿的机票咋经常比我们成都便宜？

重庆人 1：因为我们飞机多 。
重庆人 2：因为我们有西部航空哟！
重庆人 3：人多打折给力。
重庆人 4：那我们航线还比你们少嘘。

Q: 有没有觉得你们的公交车噪音太大了，路边上吵得很？

重庆人 1：要爬坡，马力就要足啊。但成都交通我必须要说，有太多地铁到不了的地方了。

重庆人 2：你们成都人没得地铁轻轨吗？还来问公交车的问题。

重庆人 3：公交车声音淹没在坝坝舞的歌舞声中。

重庆人 4：重庆不只是公交车，啥子车上路都吵，车不吵，人都要乱嘛。

重庆人问成都人

Q: 成都火锅动不动排队就是两三个小时，你们是没吃过火锅迈？

成都人 1：我们成都人做啥子事情都喜欢扎堆，没得人排队的火锅——唉，不要说火锅了，没得人排队的店我们都是不得进的。但真的好气、好不想保持微笑哦！有天下午 4 点，我有个朋友排了个网红火锅店的号，晚上 11:30 她都洗好澡睡到床上了，收到一条短信，就餐提醒：您前方只有 5 桌客人等位啦！

成都人 2：我们吃的是情怀和记忆。你们还不是在老板儿飞歪八歪的街边烂棚棚里面吃得清鼻子都揩不赢，你们是没有环境好一点的火锅店吗？

成都人 3：排队的都不是成都本地人。

成都人 4：好意思吗？！重庆火锅排队都是四个小时起步！

成都人 5：不排队的火锅说明味道不好，生意太秋的馆子一般是不得去的。

Q: 你们成都人吃火锅咋个要放蚝油也，吃不起辣迈？

成都人 1：我并不需要蚝油耶！还要加瓢原汤"真爱如血"呢！然后猛倒半碗醋。

成都人 2：我们舀原汤加小米辣蘸海椒面儿的时候，你们还在蘸生清油、烫小葱吃，没菜就点，要不要煮佐料吃那么造孽？

成都人 3：你是想辣死我然后继承我的蚂蚁花呗吗？

成都人 4：说明成都人喜欢接受新事物，包容性更好啊。你想，蚝油肯定属于海边来的啊，沿海一带的人吃得多，我们觉得稀奇，就拿来试了一下，味道也好，就一直吃下去了，好具有包容性嘛。

Q: 成都人为啥子说话非要 nia 兮兮的，不能好好说话吗？

成都人 1：我真的已经是很认真地和你好好说话了，你非要笑"三""安""番"……你还怪我哦！

成都人 2：你觉得我们 nia 兮兮，我还觉得你们说话又歪又凶嘞。

成都人 3：成都气候太好了，路太平了，天府之国，没什么可抱怨的，慢条斯理的。而且吧，成都人总想着外地人走成都过，要捞他们一把钱走，通常只有和气甚至示弱才能捞到钱，这是聪明。

Q: 你们成都城里没有山，会不会寂寞？要爬个山还要坐很久的车去周围。

成都人 1：地铁二号线终点就是龙泉山，随便爬，不要钱。

成都人 2：又不属猴子，一天到晚爬山干啥子。

成都人 3：为什么城里非要有山，周末往东可以去龙泉山，往西还有世界文化遗产青城山，很近的好么？相比来说，成都没有海反倒有点让人寂寞。

Q: 成都的大超市好少哦，你们就靠便利店生活真的觉得方便吗？

成都人 1：便利店买个水、买个冰糕，还是方便三。

成都人 2：为啥非要大超市，能买到需要的东西就对了三。

成都人 3：我逛重庆的时候，半天遇不到一个便利店，边走边念叨我们成都的红旗连锁。

成都人 4：你是没看到我们的永辉和伊藤吧，那个超市就大，你在里面转一天都转不完。

这两个问答部分一摊出来我就笑了。成都人的问题真的好多啊，好奇得很，回答人家的问题也是，恨不得搬个小板凳出来给你慢慢讲；而重庆人，没啥子好问的，很忙，你们自己百度吧，回答也是来得爽快直接，半句话都不愿意多说。

所谓奇妙的关系，大抵如此吧。🔳

● 每个成都人在菜市场都是贵宾

MEIGE CHENGDUREN ZAI CAISHICHANG
DOUSHI GUIBIN

/ 彭何

毛豆豌豆胡豆玉米，现剥现卖；买鱼，包杀包片；买兔买鳝鱼，包刮包剔骨；买海椒面，称两块钱的都可以按粗细、辣度随便混合；豌豆尖、韭黄，摘得干干净净；青冬瓜、老南瓜，买好多切好多，还包削皮。

西瓜包开包甜；买排骨买鸡买鸭，老板永远有贴心三连问，是烧是炖，宰不宰，宰大坨点还是小坨点；买水果买卤菜，大方到"尝（成都人习惯念sáng）嘛，我划一牙拈两块给你尝嘛，不好吃我钱都不得要"……各种服务贴心到就差到家帮你把饭煮好。

成都城区管得严，但在郊外的菜市场，还可以买到活鸡活鸭，并且包杀。杀鸡的血想留到，可以；杀完之后内脏，原封不动也给你留到；不管是用开水烫还是火烧，毛最后都打整得干干净净。包括鸡鸭的脚趾甲，有些都提前宰了，想的是反正你买回去也要处理。

从杀鸡刀到去毛的煤气罐、喷火枪，或者大锅，每家都准备得齐全。诚不我欺，称好杀好，只砍断脚留整只，或者宰成两半分两个口袋装，又或者是切块，都可以。

有次我去买鸡，不知道怎么选，叔叔孃孃还贴心地问我："炖还是煸？""炖。""那你买这种。"门牙有天去买牛肉也是，"问我咋吃，我说炒，直接给我切丝，手切，现等，不加钱。"反正在成都，只要是买肉类，不知道怎么选，直接给老板说我拿来怎么吃，老板就会把一切给你安排得妥妥当当。

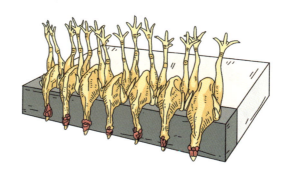

如果买排骨,称好老板肯定要主动问你"宰不宰?""烧还是炖?"烧就帮你宰小坨点,炖就宰大块些。

棒子骨想要宰成两截,好吸骨油,对老板来说也就是大刀一挥三四秒的事情。不管成都的男老板还是女老板,手起刀落,从来不拖泥带水。

也不管肉丝、肉片,还是肉泥,只要提出要求,大多数肉铺都有一台像半自动洗衣机的机器,都会帮你处理到位,并且不多收钱。

成都菜市场的老板，每到冬天就摘豌豆尖，韭黄上市又开始理韭黄。每一根理好的韭黄都白净干爽，没有像鼻涕一样滑腻腻的东西。买回去当然少了很多处理上的后顾之忧。

这个季节，剥好的青豆，剥好的豌豆，剥好的胡豆，买回去也是简单淘洗下锅，省事得很。没什么生意的时候，卖菜的人就剥这样剥那样，包括玉米。用他们的时间，节约你的时间。

门牙说，她还发现了一个成都菜市的隐藏项目。你在一家店子买菜，如果摘不来，你可以喊老板帮你摘，价格收的是没摘的价格。但是你一来就买摘好的，就要贵点。除非是老板真的很忙，才不会帮你摘。

害怕被嫌弃只买一点点，不好意思？在成都的菜市场，不存在这些。称两块钱的海椒面和 10 块钱的海椒面，差别只是老板给你扯的口袋的大小。成都人买海椒面讲究，老板也卖得讲究。海椒面分不同的粗细，不同的品种和辣度，就像买营养粉一样，你可以根据自己的喜好、老板的建议，按照不同的辣度和香度，每样海椒面要一点，混合起来买两块钱。

杀鸡杀鸭，鱼当然也杀。成都土桥菜市场有一户卖鱼的，夫妻二人的配合，算得上一气呵成。女人负责招呼卖主，捞鱼，将鱼摔得晕头转向，然后过称。而男主人则一刻也不停地刮鱼鳞，按照顾客的要求，或片或剁成块。如果是买来做烤鱼，还会懂行地在鱼背上划两刀，方便平铺。

免费处理的不仅仅是鱼，滑溜溜的黄鳝和泥鳅，也包杀，剪刀那么一剪，内脏清理得干干净净，不要骨头也可以喊老板剔骨；牛蛙也是，几剪刀下来，拿回去冲两下就可以下锅。

土豆不仅仅是分大小卖，还会削好卖。想要土豆丝，也可以请老板帮忙"擦"出来，只要他有工具。

服务细致到什么程度？儿菜在成都就有三种卖法，连儿带母的一整颗；只有儿的；只有"妈"的。喜欢哪个部位就专门买哪个部位。芋头也是，分大块的芋母子，和小个的芋儿；莴笋，可以拆分成莴笋尖尖和莴笋脑壳来卖；就连夏天上市的藤藤菜，秆秆和叶子也可以分开卖。

老家在浙江的大毛毛，来成都很多年，她说："成都最变态的就是菜市场有净菜吧。"净菜就是那种处理过、拼好的菜，专门有摊位销售这种菜。基本上是盒马鲜生、伊藤这种大卖场的处理标准。

冬瓜、南瓜不用按整个儿买，在成都的菜市场，要多少老板就帮你切多少。最后还主动问你一句，"打不打皮？"其实在问你的时候，老板往往已经把打皮刀捏在手上了，就怕不能为你赶快把皮处理好。

甚至买南瓜的时候，老板还会再多问一嘴，"要不要瓤子？"因为里面有南瓜籽，尤其是老年人，喜欢自己收集起洗净晒干吃起耍。想不到吧，如指姆一般粗细，如泥鳅一样滑的铁棍山药，也包削。超级考验技术考验耐心，叔叔孃孃些也不怕。蓓蓓说她自己削的话，基本剩不下什么。

成都老板卖水果就更乖更热情了。买橘子怕酸？除了本身早就剥好的试吃品，老板还会喊你"随便拿一个，你自己剥开尝嘛"。不管是买苹果还是买梨儿，害怕不甜不脆水分不足？"来，我划一牙给你尝嘛。"

喊你"尝"就是成都老板服务上最大的热情和自信。有次门牙去买卤肥肠，"你稍微有点儿质疑的眼神，老板儿就要捞一根起来，剪一点儿喊你尝嘛。"

菠萝好看也好吃，就是皮看起来吓人，成都老板说："10元两个，包削。"削好之后："你是想要一牙一牙的，还是坨坨？"切好之后，都还要喊你再拿几根竹签方便戳来吃。

既削得菠萝，也削得甘蔗、荸荠，剥得柚子。

买西瓜，成都菜市场的水果摊老板还爱说"包开包甜"。选中一个瓜，都会帮你切一个小三角形，检查瓜瓤是不是红润。而且切的位置，还随便你选。你说切哪里就切哪里。只要是坏的，一分钱不收。卖石榴的老板也耿直，"切开不红，烂的，算我的。"

我之前很喜欢的一家卖藕的摊主，每次选藕的时候，他都会主动帮我把藕的结削掉，然后再过秤算钱，免得"榨秤"——"榨秤"就是分量多的意思。卖柑橘的老板，也很暖，总会准备几把剪刀，要么你自己减掉多余的枝丫；要么他得空，会顺手帮你剪。一方面是免得"榨秤"，一方面也害怕枝丫把口袋戳破，徒添不必要的麻烦。

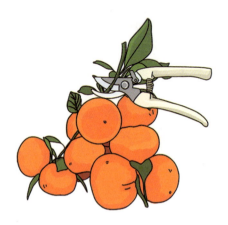

成都菜市场的老板喜欢说"（要是）不甜你回来退给我。""（要是）不粑或不脆你明天来找我。""（要是）不好吃钱都不要你的。"这是他们和新顾客打包票的时候最喜欢说的一句话。

成都老板对待老顾客嘛，态度就更上了一个层次，往往是，"今天这个东西好，我给你留得有。"

甚至我还遇到过有顾客委托蔬菜老板，"你能不能帮我找到软姜叶的种子，我带回老家看能不能种。"本不是业务范围，但那老板也爽快答应。帮忙找软姜叶种子，举手之劳，既维护了和顾客长期的关系，又可以额外赚两个小钱。各取所得，大家都乐呵。

更加个性、更加灵活、更加精细，也更加充满人情的温度，在成都菜市场享受到的种种服务，是一种和超市"欢迎光临"截然不同的服务方式。人人都像金卡会员，这些无数个服务的细节和嘘寒问暖，共同构成了在成都逛菜市不可替代的、无与伦比的体验。这样的菜市场也就像一个宝藏，谁都不知道，下一次他们的服务标准又进化到什么程度。🔶

图书在版编目（CIP）数据

脾气 / 谈资主编 . -- 成都 : 成都时代出版社，

2020.5

（@ 成都）

ISBN 978-7-5464-2565-8

Ⅰ . ①脾… Ⅱ . ①谈… Ⅲ . ①地方文化 - 成都 Ⅳ .

① G127.711

中国版本图书馆 CIP 数据核字（2020）第 041574 号

脾气
PIQI

谈资　主编

出 品 人　李若锋

责任编辑　周　慧

责任校对　李　佳

责任印制　张　露

封面设计　郭　映

装帧设计　成都九天众和

出版发行　成都时代出版社

电　　话　（028）86742352（编辑部）

　　　　　（028）86615250（发行部）

网　　址　www.chengdusd.com

印　　刷　成都市金雅迪彩色印刷有限公司

规　　格　170mm×220mm

印　　张　11

字　　数　190 千

版　　次　2020 年 5 月第 1 版

印　　次　2020 年 5 月第 1 次

书　　号　ISBN 978-7-5464-2565-8

定　　价　58.00 元